Hæc Schema demonstrat terram esse globosam

This Scheme demonstrates y.e Earth to be of a Globular form.

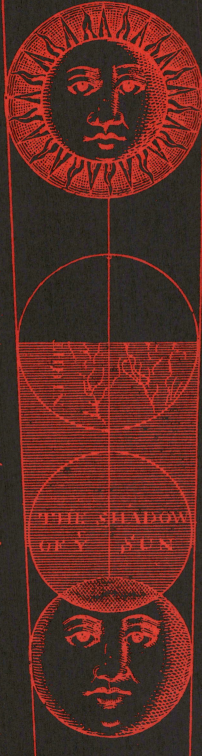

THE SHADOW OF Y.e SUN

Si terra esset trigoni umbra quoque triangulari figura in eclipsi lunari appareret.

If the Earth were of a Triangular form, y.e shadow would appear so in the Eclipse of the Moon.

Si terra hexagona esset figurae, eius quoque umbra in defectu Lunari hexagona appareret, quae tamen rotunda.

If the Earth were six-square, if shadow would be six-square in the Eclipse of y͏ᵉ Moon, which however appears to be round.

DADOS INTERNACIONAIS DE
CATALOGAÇÃO NA PUBLICAÇÃO (CIP)
Jéssica de Oliveira Molinari - CRB-8/9852

Grimório oculto / John Michael Greer ; tradução
de Claudia Guimarães dos Santos.
— Rio de Janeiro : DarkSide Books, 2021.
256 p : il : color.

ISBN: 978-65-5598-128-5
Título original: The occult book

1. Ciências ocultas – História 2. Wicca
3. Espiritualidade I. Título
II. Santos, Claudia Guimarães dos

21-3370   CDD 299.94

Índices para catálogo sistemático:
1. Ciências ocultas - História

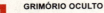

GRIMÓRIO OCULTO
THE OCCULT BOOK
Copyright © 2017 John Michael Greer
Published by arrangement with Sterling
Publishing Co. and Ute Körner Literary Agent.
Todos os direitos reservados
Tradução para a língua portuguesa
© Claudia Guimarães, 2021

"Os ramos da árvore são sacudidos pelo
vento; o tronco permanece imóvel. A mais
importante de todas as obras é o exemplo
da própria vida. O potencial da humanidade
é infinito e todo ser tem uma contribuição
a fazer por um mundo mais grandioso."
— Madame Blavatsky

Acervo de Imagens: iStockphoto, Alamy Stock Photo, Getty Images, Robert Harding, Jason Langley, Pictorial Press Ltd., Science History Images, Art Resource: Bridgeman-Giraudon, HIP, Scala, Biblioteca do Congresso dos Estados Unidos, Biblioteca Nacional de Medicina dos Estados Unidos, Biblioteca Pública de Nova York, Fundação Wikimedia, Biblioteca Laurenciana, Biblioteca do Palácio da Paz, Centro de Arte Britânica de Yale, Conselho Municipal de Sevilha, Daderot, Ethan Doyle White, Hubertl, Jastrow, Marie-Lan Nguyen, Museu Arqueológico de Heraklion, Museu Arqueológico Nacional de Atenas, Museu de Belas-Artes de Lyon, Museu Britânico, Museu do Prado, Pinacoteca do Estado de São Paulo, Robert B. Osten/Aurinia Verlag, Vigneron, Wellcome Images, DepositPhotos, Jim Russell, iStockphoto, Elisegarnotte, Grafissimo, Dan Norcott, Vera Petruk, Tongshan, Frank VandenBergh, Vasiliki, Membros do Conselho do Museu Britânico, Museu Estadual da Louisiana, Metropolitan Museum de Nova York, Museu Nacional de Estocolmo, Revista Fate, Rijksmuseum, Robert Place, SuperStock, Macabra/DarkSide e coleção particular do autor.

Conselho Oculto	**Artífices da Magia**	**Alquimia & Arte**	**Impressão**
Christiano Menezes	Aline TK Miguel	Aleister Crowley	Braspor
Raquel Moritz	Isadora Torres	Sergio Chaves	
Chico de Assis	Jessica Reinaldo	Retina78	A Família DarkSide
Arthur Moraes	Tinhoso e Ventura	Macabra	pela eterna chama.

Todos os direitos desta edição reservados à
DarkSide® Entretenimento Ltda. • darksidebooks.com
Macabra® Filmes Ltda. • macabra.tv

© 2021, 2024 MACABRA/ DARKSIDE

JOHN MICHAEL GREER

GRIMÓRIO OCULTO

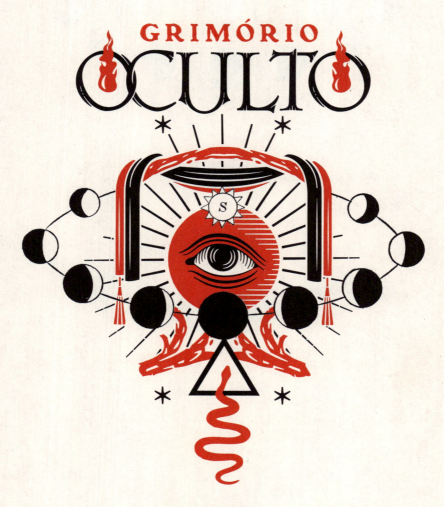

TRADUÇÃO
CLAUDIA GUIMARÃES

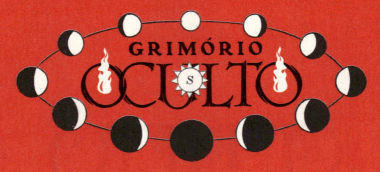

S U M Á R I O

INTRO 14

O SABER OCULTO NO INÍCIO DOS TEMPOS

Século VI AEC A aurora do ocultismo 21
Século V AEC Filósofo dos quatro elementos 23
Fim do século V AEC Origem dos horóscopos 25
347 AEC Morte de Platão 27
186 AEC Prazeres proibidos 29
Século I AEC A brilhante alquimista 31
33 EC Morte de Jesus 33
57 EC Queda de Mona 35
c. século I EC Criação das runas 37
Século I EC O mago romano 39
c. 120 O professor de Alexandria 41
Século II Magia em julgamento 43
155 À espera de uma vaga 45
Século III Tratados Místicos 47
244 Ocultismo & filosofia com Plotino 49
c. 300 Registro da alquimia 51
c. 330 Morte de Jâmblico 53
363 O último imperador pagão 55
396 Fim dos mistérios de Elêusis 57
538 A nova lei do Imperador 59
573 Merlin e a batalha de Arderydd 61
c. 800 EC Alquimia de Jabir 63
Século IX As ideias do *Canon Episcopi* 65
1118 Fundação dos Cavaleiros Templários 67

SÉCULO XIII: CRUZADAS & FEITIÇARIA
1208 A Cruzada Albigense 71
c. **1230** Origens da cabala 73
1256 O livro do feiticeiro árabe 75
1271 A queda da cidade de magia 77
1279 Abulafia no rastro do Papa 79

SÉCULO XIV: ACENDENDO AS FOGUEIRAS
1307 Prisão dos cavaleiros templários 83
1327 Queimado por heresia 85
1382 A pedra filosofal 87

SÉCULO XV: PODER EM PALAVRAS
1418 Origem do tarô 91
1428 Julgamentos por bruxaria de Valais 93
1464 Hermetismo original 95
1486 O martelo das feiticeiras 97
1494 *De Verbo Mirifico* 99

SÉCULO XVI: UM SÉCULO DE PROFECIAS
1526 Paracelso em Basileia 103
1533 Três Livros de Filosofia Oculta 105
1555 As Profecias de Nostradamus 107
1559 Coroação com ajuda dos astros 109
1570 De volta à Terra Santa 111
1575 Os bons caminhantes 113
1587 A lenda de Fausto 115
1600 Giordano Bruno na fogueira 117

SÉCULO XVII: FERRAMENTAS MÁGICAS
1610 As visões de um sapateiro 121
1611 As runas de Bureus 123
1614 O primeiro manifesto Rosa-Cruz 125
1628 Palavras mágicas ao papa 127
1630 O livro oculto do espadachim 129
1647 Astrologia Cristã 131
1694 Rosa-Cruz na Pensilvânia 133

SÉCULO XVIII: CLUBES RESTRITOS & DIVINAÇÕES

1717 A primeira grande loja maçônica 137
1736 Promulgação da Lei de Feitiçaria 139
1744 As visões de Swedenborg 141
1746 Clube do Fogo do Inferno 143
1767 Os Elus Cohen 145
1778 Mesmerismo 147
1781 O tarô no Egito 149
1783 Divinação pelo tarô 151
1795 Morte de Cagliostro em Roma 153
1798 Equinócio de outono dos druidas 155

SÉCULO XIX: SABER PROPAGADO

1801 Tratado de alquimia 159
1820 Magia popular com Hohman 161
1821 Propagando o conhecimento antigo 163
1844 Visões de cura de A.J. Davis 165
1848 Nascimento do espiritualismo 167
***c.* 1850** A "rainha vodu" 169
1855 Dogma e Ritual da Alta Magia 171
1862 Retratos da feitiçaria 173
1874 A Irmandade de Eulis 175
1875 A sociedade teosófica 177
1884 A ordem martinista 179
1887 A Ordem Hermética da Aurora Dourada 181
1892 O primeiro salão da Rosa-Cruz 183
1897 A primeira farmácia hodu 185
1899 O evangelho das bruxas 187

SÉCULO XX & XXI:
RENOVAÇÃO PARA ANTIGOS SABERES

- **1902** Raízes ocultas do nazismo 191
- **1904** O livro de Crowley 193
- **1910** Tarô Rider-Waite 195
- **1912** Jung x Freud 197
- **1913** Sociedade Antroposófica 199
- **1914** Absolvida por prever o futuro 201
- **1917** Sociedade Thule 203
- **1921** Culto das bruxas na Europa Ocidental 205
- **1922** As linhas de ley 207
- **1924** Houdini x falsos médiuns 209
- **1925** A "Guerra das Rosas" 211
- **1926** Enigma Fulcanelli 213
- **1928** Ocultismo em turnê 215
- **1929** Fim da Ordem da Estrela do Oriente 217
- **1935** A magia da Aurora Dourada 219
- **1936** Astrologia da Personalidade 221
- **1948** Revista *Fate* 223
- **1954** Bruxaria de Gardner 225
- **1960** Alquimia na modernidade 227
- **1969** Livros de bolso ocultistas 229
- **1979** Wicca: magia para todos 231
- **1983** O Livro de Runas 233
- **2012** O fim dos tempos em 2012 235

NOTAS OCULTAS 238
INDEX MÁGICO 246

O mundo ainda não está preparado para
entender a filosofia das Ciências Ocultas
— deixe que as pessoas tenham certeza,
em primeiro lugar, de que há seres em
um mundo invisível, sejam 'Espíritos' dos
mortos ou Elementares; e de que há poderes
ocultos no homem, que são capazes de
transformá-lo em um Deus na Terra.

Madame Blavatsky

INTRO

UMA JORNADA REPLETA DE MAGIA

"As portas dos Mistérios estão sempre entreabertas, e aqueles que tiverem vontade poderão atravessá-las e adentrar o espaçoso domicílio do espírito."
— Manly P. Hall, *The Secret Teachings of All Times*

Na maioria das culturas e durante quase toda a história global, aquilo que as pessoas no mundo ocidental consideram como "oculto" — amuletos e talismãs, presságios e divinações, feitiços e encantamentos, bons e maus espíritos — é apenas parte da vida cotidiana. Se você for, por exemplo, a um santuário xintoísta no Japão ou a um templo de alguma das religiões tradicionais da África Ocidental, pode ter certeza de que verá práticas ali que seriam classificadas como ocultismo na Europa ou nos Estados Unidos. Mas, nessas sociedades, não há nada que separe tais coisas de qualquer outra esfera de sabedoria tradicional. As pessoas se envolvem com elas a todo momento, sem nunca pensar que estão fazendo algo secreto, proibido ou irracional.

No Ocidente, por complicadas razões históricas, não foi assim. Em vez disso, a partir dos tempos da Roma Antiga, e avançando com o triunfo do cristianismo, o que conhecemos por "ocultismo" foi posto de lado como uma tradição proibida. Desde os primeiros surtos de histeria antiocultista aos horrores do Tempo das Fogueiras — quando centenas de milhares de pessoas foram torturadas e executadas, suspeitas de praticarem magia —, terríveis pressões sociais aliadas a ameaças de violência desabaram sobre qualquer pessoa que mostrasse interesse pelo ocultismo; ainda assim, as tradições ocultistas do mundo ocidental conseguiram sobreviver a tudo isso, encontrando novos praticantes a cada geração. Essa surpreendente história de repressão, sobrevivência e renascimento, que se estende por mais de dois milênios e meio, é o assunto deste livro.

A palavra *oculto* significa, literalmente, "encoberto", e sua aplicação ao que hoje chamamos ocultismo tem uma longa história. Durante a Renascença, escritores que queriam se referir à magia e à divinação, bem como à espiritualidade alternativa conectada a estas, começaram a usar a expressão *filosofia oculta* — ou seja, "filosofia encoberta" — para tais assuntos. Esse hábito se tornou permanente quando Cornelius Agrippa intitulou seu grande manual de magia da Renascença de *Três Livros de Filosofia Oculta* (do original *De occulta philosophia libri tres*). Mais tarde, durante o reflorescer da magia no século XIX, escritores franceses começaram a usar a palavra *occultisme* — em inglês, *occultism*, ou ocultismo — para os mesmos temas.

Pode ser útil pensar no ocultismo como um conhecimento repudiado pelo mundo ocidental. Cada sociedade tem um conjunto de saberes condenado pelas autoridades intelectuais da época, mas que continua a ser estudado e ensinado fora dos canais normais de educação e da opinião pública. Nas nações industrializadas de hoje, o crescimento explosivo do conhecimento é acompanhado de um crescimento igualmente explosivo dos saberes rejeitados, e boa parte destes não tem qualquer relação com o ocultismo. Ainda assim, o oculto continua a ser o mais antigo e mais ferozmente perseguido de todos os conjuntos de saberes rejeitados no Ocidente.

Entre os principais elementos do ocultismo estão:

Magia: "A ciência e a arte de provocar mudanças na consciência de modo deliberado", segundo Dion Fortune, grande praticante do século XX. O mago, ou praticante de magia, usa rituais, símbolos, meditação e outros métodos para atingir estados excepcionais de consciência, nos quais, de acordo com os ensinamentos do ocultismo, poderes sutis podem ser direcionados e entidades incorpóreas são contatadas para provocar mudanças no mundo.

Rótulo de medicamento, *c.* 1892, que mostra uma bruxa em seu processo mágico.

Divinação (ou adivinhação): Mais conhecida como leitura da sorte, é a arte de descobrir coisas escondidas no presente e os segredos do futuro pelos mesmos laços sutis que, na tradição ocultista, fazem a magia funcionar. O leitor do tarô, que embaralha e abre as cartas; o astrólogo, que estuda a posição dos planetas em um momento específico; os adivinhos, que usam outros métodos; todos eles tentam se conectar com forças invisíveis que lhes permitam vislumbrar o desconhecido.

Iniciação: Processo pelo qual uma pessoa comum desenvolve os poderes e habilidades necessários para dominar a magia e a divinação. Há muitos métodos de iniciação, mas os mais famosos são as cerimônias elaboradas que encenam dramas simbólicos, de modo a catalisar mudanças na consciência do novo iniciado. Os rituais dos mistérios na Grécia Antiga eram iniciações famosas na época; mais recentemente, os rituais de sociedades mágicas como a Ordem Hermética da Aurora Dourada e a Ordem Martinista cumprem a mesma função.

Alquimia: Frequentemente menosprezada por cientistas modernos como uma tentativa frustrada de transformar chumbo em ouro, a alquimia é muito mais diversa, além de muito mais útil. Para um alquimista, toda substância material tem potencial para ser aperfeiçoada, e os métodos da alquimia são usados para ajudar cada substância a atingir sua perfeição. Alquimistas, portanto, preparam ervas medicinais, praticam meditação espiritual e trabalham com uma surpreendente variedade de substâncias em sua busca pelo conhecimento oculto.

Filosofia oculta: Por trás dessas práticas ocultas está uma filosofia que explica como e por que o ocultismo funciona. As três principais escolas de filosofia oculta tiveram um papel predominante na história do ocultismo. O neoplatonismo, um rebento da filosofia de Platão, emergiu na Grécia Antiga; o hermetismo, uma mistura de filosofia grega e ensinamentos egípcios de magia, teve seu início no Egito; e a cabala (cujo nome também pode ser escrito como kabbalah ou qabalah), a mais recente

> " A magia é a ciência tradicional dos segredos da natureza, que foi transmitida a nós pelos magos. "

— Éliphas Lévi, *Dogma e Ritual da Alta Magia*, 1855

  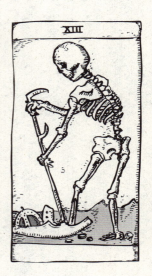

A leitura de cartas do tarô é um dos principais elementos do ocultismo.

das três, nasceu nas comunidades judaicas do sul da França. Todas elas bebem das mesmas fontes.

Esses ingredientes-chave, associados um ao outro e a uma variedade de outras práticas e ensinamentos, formam o cerne das tradições ocultas do Ocidente. Desde o século VI AEC,[1] quando a primeira escola de ocultismo de que se tem notícia foi fundada no Ocidente por Pitágoras de Samos, essas tradições vêm sendo transmitidas até o momento presente — às vezes publicamente, às vezes em segredo, às vezes por meio de organizações como a dos rosa-cruzes, e às vezes de maneira individual, de um professor a um estudante.

As páginas a seguir apresentam uma centena de acontecimentos importantes na história do ocultismo: estações, se você preferir, situadas ao longo do caminho que leva de Pitágoras aos nossos dias. É uma jornada longa e tortuosa que cobre toda a amplitude das possibilidades humanas, dos píncaros da aspiração espiritual às profundezas da insensatez e da fraude; e uma parte incomodamente extensa desse caminho se revela hedionda devido aos gritos dos torturados e ao cheiro de carne queimada.

Aonde nos levará essa estrada, à medida que as tradições de hoje respondem aos desafios do amanhã? Ninguém sabe, mas as transformações pelas quais o ocultismo já passou sugerem que a história está longe de ter um desfecho.

---

[1] O autor optou por usar as expressões "antes da Era Comum" (AEC) e "Era Comum" (EC), no lugar de "antes de Cristo" (a.C.) e "depois de Cristo" (d.C.). [Nota da Editora]

O SABER OCULTO NO INÍCIO DOS TEMPOS

ATÉ **1118 EC**

"Tudo é símbolo.
E sábio é quem lê em tudo."
— *Plotino*

PYTAGORAS.

Pitágoras, representado nesta gravura do século XVII, acreditava na geometria sagrada e na "transmigração da alma", ou reencarnação.

A AURORA DO OCULTISMO

SÉCULO VI AEC

A CIDADE COLONIAL GREGA DE Crotona, no sudeste da Itália, era uma próspera metrópole no século VI AEC e atraía imigrantes de todas as partes do agitado mundo grego. Nenhum deles se tornaria tão famoso quanto um homem de meia-idade que havia chegado ali em algum momento da segunda metade daquele século. Seu nome era Pitágoras (*c*. 570 AEC-*c*. 495 AEC), e sua chegada a Crotona marca a aurora da história do ocultismo no Ocidente.

Nascido em Samos, próximo à costa do que hoje é a Turquia, Pitágoras deixou sua terra natal em busca de conhecimento, para estudar com os filósofos Tales de Mileto e Ferécides de Siro. Mas, insatisfeito com as lições deles, Pitágoras tomou o rumo do Egito, onde estudou com os sacerdotes de Tebas por algum tempo, depois foi à Babilônia para aprender o que os sacerdotes-astrólogos de lá tinham a ensinar. Por fim, retornou ao mundo grego e foi iniciado nos mistérios dos cultos da Grécia e de Creta, até finalmente se estabelecer em Crotona.

Lá ele fundou a Irmandade Pitagórica para repassar os ensinamentos de sua jornada. Aqueles que se juntavam à Irmandade viviam sob um voto de silêncio nos primeiros cinco anos, para só depois serem admitidos nos ensinamentos secretos da ordem, que incluíam a crença na reencarnação, o significado dos números e da geometria, e as regras que regiam a vida cotidiana.

No fim do século VI AEC, a Irmandade Pitagórica interveio na política de Crotona, dando apoio ao partido aristocrata contra o partido democrata. Quando os aristocratas perderam, uma turba incendiou a sede da Irmandade. Os sobreviventes se espalharam pelo mundo grego, levando consigo os ensinamentos de Pitágoras. Deles e de seus alunos descendem, em última instância, as tradições do ocultismo ocidental.

VER TAMBÉM: "Morte de Platão" (347 AEC), "O mago romano" (século I EC), "O livro oculto do espadachim" (1630).

Empédocles é mais conhecido por sua teoria de que toda a matéria é composta de quatro elementos: fogo, água, ar e terra.

FILÓSOFO DOS QUATRO ELEMENTOS

SÉCULO V AEC

O MISTICISMO MATEMÁTICO DE Pitágoras, por mais influente que possa ter sido, não teve uma recepção muito calorosa no ativo mundo da filosofia grega antiga. A maior parte dos pensadores da época argumentava que, por trás do mundo que vivenciamos, deveria haver uma única fonte que teria dado origem a todo o restante — e quase todos afirmavam que tinha de ser uma substância material. Tales de Mileto, o primeiro filósofo grego, dizia que essa fonte era a água; Heráclito achava que era o fogo; e outros tinham opiniões diferentes.

Empédocles (*c.* 495 AEC-*c.* 432 AEC), o homem que combinaria essas crenças em uma síntese duradoura, nasceu na cidade de Akragas, na Sicília, então uma colônia grega. Ele participou ativamente da confusa política de sua cidade natal, foi exilado para a Grécia e supostamente cometeu suicídio jogando-se na cratera do Vesúvio.

Em algum momento de sua vida agitada, encontrou tempo para escrever dois longos poemas: *Purificações*, no qual fala de religião, e *Sobre a Natureza*, a primeira exposição acerca da teoria dos quatro elementos. Para Empédocles, a absoluta diversidade do mundo mostrava que não poderia haver uma única fonte para tudo. Em vez disso, argumentou, quatro substâncias básicas — fogo, ar, água e terra — formavam todas as coisas, combinando-se e separando-se. Empédocles estava no caminho certo; quando os cientistas hoje descrevem o mundo como feito de sólidos, líquidos, gases e energia, eles estão usando a classificação de Empédocles sob outra nomenclatura.

Foi nas emergentes tradições do ocultismo ocidental que a teoria de Empédocles encontrou um lar duradouro. O hábito de dividir o mundo nas categorias ígneas, aéreas, líquidas e terrestres mostrou-se tão útil para magos, adivinhos e outros ocultistas, que os quatro elementos se tornaram, de longe, o mais influente conjunto de símbolos na teoria e na prática do ocultismo.

VER TAMBÉM: "Morte de Platão" (347 AEC).

A tábua de Vênus de Ammi-Saduqa, *c.* 1650 AEC, é o mais antigo registro existente da astrologia da Mesopotâmia.

ORIGEM DOS HORÓSCOPOS

FIM DO SÉCULO V AEC

Por muitos séculos, os sacerdotes e sacerdotisas da Mesopotâmia — a "terra entre os rios", onde hoje estão o Iraque e o sudeste da Turquia — observaram o céu e gravaram aquilo que viam em placas de barro cozido, na esperança de extrair dos movimentos celestes a vontade inescrutável de seus deuses. A tradição mesopotâmica da astrologia vem de muito longe; seu mais antigo registro existente, a tábua de Vênus de Ammi-Saduqa, data de cerca de 1650 AEC e demonstra um saber sobre as estrelas que deve ter levado muitos séculos para ser adquirido.

Para os observadores de estrelas do antigo Oriente Médio, no entanto, não importavam apenas as posições do Sol, da Lua e dos planetas; nuvens e outros fenômenos aéreos também tinham seu lugar nos registros feitos em placas de barro. Além disso, os sábios da época acreditavam que os céus advertiam sobre a ascensão e a queda de reinos, mas não sobre o destino de indivíduos. Somente depois de algum tempo, quando os sacerdotes e as sacerdotisas passaram a estudar o céu no momento em que nasciam o filho ou a filha de um rei, é que começou a tomar forma a astrologia tal como a conhecemos hoje.

No século VII AEC, bibliotecas inteiras eram dedicadas a registros do que havia acontecido sob este ou aquele conjunto de circunstâncias celestes, e as regras para interpretar o céu se tornaram padronizadas. Foi só no fim do século V AEC, porém, que os astrólogos da Mesopotâmia começaram a aplicar essas regras à data de nascimento das pessoas e a moldar horóscopos no sentido moderno da palavra.

Este era o nível de desenvolvimento que a astrologia havia alcançado quando os exércitos de Alexandre, o Grande, conquistaram a Mesopotâmia. Na esteira dessa conquista, as tradições eruditas de todo o mundo antigo se misturaram, e a astrologia se espalhou pela região do Mediterrâneo.

VER TAMBÉM: "O livro do feiticeiro árabe" (1256), "Coroação com ajuda dos astros" (1559), "Palavras mágicas ao papa" (1628), "Astrologia Cristã" (1647), "Absolvida por prever o futuro" (1914), "Astrologia da Personalidade" (1936).

Um grupo de filósofos debate na Academia de Platão (acredita-se que Platão seja o segundo a partir da esquerda), em um mosaico romano do século I, de uma vila em Pompeia.

MORTE DE PLATÃO

347 AEC

Seu nome verdadeiro era Aristocles de Atenas, mas todos o chamavam de Platão por causa de seus ombros muito largos. Um lutador famoso em sua juventude, Platão (*c.* 428 AEC-347 AEC) começou a se dedicar à filosofia aos vinte anos e tornou-se o principal discípulo de Sócrates. Quando seu professor foi executado pelo governo ateniense em 399 AEC, Platão deixou sua cidade natal e foi para Mégara, onde estudou geometria com o famoso matemático Euclides. Depois, como havia feito Pitágoras, viajou pelo Mediterrâneo em busca da sabedoria onde quer que pudesse encontrá-la, e lá acabou se envolvendo e escapando de uma profusão de situações críticas. Por fim, voltou para Atenas e fundou uma escola, a Academia, que perdurou por muito tempo após sua morte.

A filosofia de Platão foi fortemente influenciada pelos ensinamentos de Pitágoras e Empédocles. Ele mostrou que, para além do mundo que nossos cinco sentidos conhecem — o mundo do Devir —, está o mundo do Ser. Tudo o que vivenciamos no mundo do Devir é um reflexo de padrões eternos que existem no mundo do Ser, e a tarefa do verdadeiro filósofo é deixar para trás esses dados ilusórios fornecidos por nossos sentidos e conhecer o mundo do Ser de maneira direta a partir da mente.

Não havia qualquer traço de ocultismo nos diálogos de Platão que foram publicados, apenas algumas poucas insinuações a respeito de ensinamentos não escritos em algumas cartas a ele atribuídas. Nada disso impediu que os ocultistas adotassem a filosofia platônica como uma teoria para orientar seus trabalhos por todo o mundo grego. Depois de sua morte, à medida que uma amarga época de calamidades tomava as terras gregas, cada vez mais intelectuais se afastavam das filosofias racionalistas que pouco haviam feito para manter suas sociedades estáveis, enquanto exploravam a tradição ocultista da Grécia e dos países do entorno. Nesse processo, tomaram forma muitas das bases do ocultismo posterior.

VER TAMBÉM: "A aurora do ocultismo" (século VI AEC), "Filósofo dos quatro elementos" (século V AEC).

Neste afresco de c. 30 AEC, que faz parte do acervo do Museu Britânico, Dioniso (ou Baco), o deus do vinho, serve a bebida a uma pantera, enquanto Sileno toca lira. O vinho tinha um papel essencial na iniciação aos mistérios dionisíacos.

PRAZERES PROIBIDOS

186 AEC

A INTOLERÂNCIA RELIGIOSA ERA algo raro nos tempos antigos. Pessoas que acreditavam em vários deuses e deusas dificilmente ficariam ofendidas se seus vizinhos orassem para um grupo diferente de divindades. Essa tolerância, no entanto, desmoronava rapidamente se um movimento religioso se envolvesse com a política ou com crimes.

Foi o que aconteceu com o culto dos mistérios dionisíacos em 186 AEC, na Roma Antiga. Depois de chegar à Itália no fim do século III AEC, o culto logo se espalhou por Roma. Originalmente só aceitava mulheres, seus rituais ocorriam durante o dia e nada havia de impróprio ali. Depois, a terceira sacerdotisa dos mistérios dionisíacos em Roma, Paculla Annia, começou a admitir homens nos rituais e a fazer cerimônias à noite. Surgiram então relatos de que as cerimônias haviam se transformado em orgias e de que o culto dos mistérios se tornara uma organização criminosa cujos membros encobriam os delitos uns dos outros e matavam quem se recusasse a participar.

Quando os rumores chegaram às autoridades romanas, a resposta foi rápida e drástica. O Senado romano ordenou a prisão de todos os iniciados nos mistérios dionisíacos. Alguns escaparam, porém mais de 6 mil foram presos; mais da metade deles foi considerada culpada e condenada à morte, e os mistérios dionisíacos foram proibidos em todo o território romano.

A consequência mais importante da proibição, no entanto, foi o estabelecimento de um precedente legal. A partir de então, a lei romana passou a considerar cerimônias religiosas secretas como uma ameaça criminal e política em potencial, e qualquer grupo religioso que fizesse rituais privados tornava-se automaticamente suspeito. Esse precedente contribuiu para instigar a perseguição aos cristãos no antigo Império Romano, mas também se aplicou às tradições que deram origem ao ocultismo e, com isso, ajudou a lançar as bases para a queima das bruxas quinze séculos depois.

VER TAMBÉM: "Fim dos mistérios de Elêusis" (396).

Gravura de Maria, a Judia, de *Symbola aureae mensae duodecim nationum* [Símbolos da mesa dourada das doze nações], 1617, do alquimista alemão Michael Maier.

A BRILHANTE ALQUIMISTA

SÉCULO I AEC

UMA DAS MAIORES CIDADES DA Antiguidade, fundada por Alexandre, o Grande, na costa mediterrânea do Egito, Alexandria tornou-se o principal ponto de contato entre os ensinamentos religiosos e mágicos dos egípcios e as filosofias e iniciações dos gregos. Do caldeirão borbulhante de tradições que resultaram dessa mistura vieram muitos elementos centrais do ocultismo ocidental, entre eles a alquimia.

A alquimia era (e ainda é) muito mais do que a tentativa de transformar metais básicos em ouro. Para um alquimista, todas as coisas materiais vão se aprimorando até atingir a perfeição, removendo os obstáculos que impedem a matéria de atingir tal estado. Para os metais, a perfeição é o ouro; para o corpo humano, a saúde; para o espírito humano, a união com o divino — todos esses, e muitos outros, são objetivos que estão de acordo com o trabalho alquímico.

Para possibilitar que substâncias materiais atinjam a perfeição, um ou outro apetrecho de laboratório se fazem necessários. Alguns dos mais importantes foram inventados em dado momento do século I AEC por uma alquimista judia de Alexandria, uma mulher de nome Míriam.

Pouco se sabe da vida de Maria, a Judia, como ela é geralmente chamada em escritos alquímicos posteriores. O fato de que ela foi uma inventora brilhante, contudo, fica claro nos instrumentos criados por ela. Um deles, o *kerotakis*, permitia que metais fossem expostos a vapores corrosivos sem que esses vapores chegassem aos pulmões do alquimista. Outro, um aparelho de destilação com três bicos em alturas diferentes, foi o primeiro equipamento usado para a destilação fracionada. Sua criação mais famosa, no entanto, foi o *balneum Mariae*, o "banho de Míriam", que consistia em uma caldeira dupla, feita para proporcionar calor estável e uniforme aos processos alquímicos. Hoje em dia, cozinheiros fazem uso dessa invenção para cozinhar molhos delicados sem queimá-los — e até os dias atuais é chamada de banho-maria.

VER TAMBÉM: "Registro da alquimia" (*c.* 300).

A Crucificação, c. 1510, pintura do artista italiano do século XVI conhecido como o Mestre da Madalena Ressuscitada, da Galeria de Arte da Universidade Yale.

MORTE DE JESUS

33 EC

DE ACORDO COM SEUS QUATRO biógrafos oficiais e com a fé de vinte séculos de crentes devotos, Yeshua bin Maryam, hoje mais comumente conhecido como Jesus Cristo, era o filho de Deus, aquele que, nascido de uma virgem judia, fez milagres, fundou a religião cristã e morreu na cruz para redimir a humanidade. Esse entendimento está tão profundamente enraizado nas culturas ocidentais que pode ser chocante descobrir que, por séculos depois de sua morte, muitas pessoas no mundo romano interpretavam Jesus de uma forma muito diferente — como um praticante de magia.

A literatura judaica do século I EC se refere a ele como Jesus ben Pantera, o filho ilegítimo de um soldado romano e de uma mulher judia, que foi para o Egito como trabalhador imigrante, aprendeu magia por lá e atraiu seguidores depois de voltar para a Judeia. Uma história idêntica aparece nos fragmentos remanescentes de um texto do filósofo pagão Celso, *Contra os Cristãos*. Muitos dos primeiros autores cristãos mencionaram versões dessa crença, já que era um dos principais argumentos que eles tinham de refutar. Outros magos, aparentemente, compartilhavam da mesma opinião; o nome de Jesus aparece cedo e com frequência em amuletos e livros de magia como uma palavra de poder que pode ser usada para invocar espíritos, e duas das três mais antigas representações da crucificação estão em amuletos mágicos, cercados de encantamentos.

Essa narrativa — de que Jesus de Nazaré era um feiticeiro judeu cujos seguidores redefiniram como um deus após sua morte — apresentou um desafio para o recém-nascido cristianismo. Na verdade, tal crença provavelmente teve um papel importante no que diz respeito ao medo e ao ódio que o cristianismo dominante direcionou ao ocultismo desde então.

VER TAMBÉM: "O mago romano" (século I EC), "O professor de Alexandria" (c. 120).

Druidas, ou sacerdotes britânicos, pelo litógrafo nascido na Alemanha Joseph Martin Kronheim (1810-1896). Gravura em cores retirada de seu livro *Pictures of English History*, 1868.

QUEDA DE MONA

57 EC

Quando gregos e romanos chegaram às terras celtas da Gália (atual França), à Bretanha e à Irlanda, encontraram uma casta de sábios e guardiões da tradição, que eram conhecidos como druidas. O termo provavelmente significava algo no sentido de "os sábios do carvalho", mas hoje ninguém sabe ao certo — esse é um dos muitos mistérios que cercam os antigos druidas.

No princípio, as pessoas letradas nos mundos grego e romano ficaram fascinadas com os druidas e atribuíram a eles o mesmo status que os americanos do século XX conferiram aos gurus da Índia. Isso mudou quando os romanos passaram a ver as terras celtas como alvos de conquista. Em 121 AEC, eles tomaram parte do sul da Gália; entre 58 e 51 AEC, Júlio César conquistou o restante da Gália e conduziu duas incursões à Bretanha; em 43 EC, a invasão da Bretanha começou para valer, e, em 48, tudo o que hoje é a Inglaterra e partes da Escócia e do País de Gales estavam em mãos romanas.

Os druidas tiveram um papel importante na resistência à invasão romana na Gália e na Bretanha, ajudando a agrupar os defensores e a coordenar as ações militares entre diferentes tribos. Os romanos reagiram perseguindo os druidas, com o objetivo de exterminá-los. Decretos romanos baniram os druidas da Gália assim que Júlio César concluiu sua conquista, enquanto na Bretanha a destruição deles e de seus lugares sagrados ocorreu paralelamente ao domínio dos territórios.

O golpe final veio em 57, quando as forças romanas cruzaram o estreito entre o norte de Gales e a ilha de Mona (hoje Anglesey), um sagrado lugar druídico que havia se tornado o último refúgio dos druidas destemidos. A vitória romana no local foi seguida de um massacre. Depois disso, só restaram druidas na Irlanda, na Escócia e na área montanhosa de Gales, até que os missionários cristãos penetraram onde as legiões romanas não alcançaram.

VER TAMBÉM: "Equinócio de outono dos druidas" (1798).

Detalhe da Pedra de Rök, em Rök, na província de Östergötland, Suécia. Estima-se que a origem desta famosa pedra remonte ao início dos anos 800; apresentando a mais antiga inscrição rúnica conhecida, ela é considerada o marco inicial da literatura sueca.

CRIAÇÃO DAS RUNAS

C. SÉCULO I EC

Sei que fiquei pendurado
Na árvore ao vento
Nove noites inteiras,
Perfurado por uma lança
Oferecido a Odin
Abandonado a mim mesmo,
No alto daquela árvore
Da qual ninguém sabe
Para onde vão as raízes...

NESSES VERSOS, PARTE DO ANTIgo poema nórdico *Hávamál* [Palavras do Altíssimo], o deus Odin descreveu o ato de auto-sacrifício que lhe garantiu as runas, o alfabeto mágico dos povos germânicos. Por mais de mil anos, os descendentes dessas tribos na Europa central, Escandinávia e Bretanha usaram as rígidas e angulosas letras rúnicas para fins religiosos e mágicos, além de práticos.

Os historiadores, que têm de contar com registros escritos e indícios arqueológicos em vez de palavras de deidades pagãs, traçaram a origem das runas ao que é hoje o sul da Alemanha em algum período anterior a 50 EC, a data da primeira inscrição rúnica conhecida. Uma vez criadas, elas logo assumiram importantes papéis simbólicos, espirituais e mágicos, mantidos durante as migrações que se seguiram ao colapso de Roma e à longa e atribulada Idade das Trevas, que veio na sequência.

Os alfabetos rúnicos eram chamados de *futhark* ou *futhorc* por causa das primeiras seis runas, que representam os sons *f, u, th, a* ou *o, r* e *c* ou *k*. A mais velha versão das runas de que se tem conhecimento, o *futhark* mais antigo, tinha 24 letras; o *futhark* mais novo da era viking tinha apenas dezesseis. Já os povos anglo-saxões que se estabeleceram na Inglaterra foram na direção contrária e criaram o *futhorc* anglo-saxão, de 29 ou 33 letras.

Com a chegada do cristianismo, as runas deixaram de ser usadas ou caíram na clandestinidade, junto com as demais tradições pagãs nórdicas e germânicas. Assim permaneceriam até o século XVII, quando começou seu ressurgimento moderno.

VER TAMBÉM: "As runas de Bureus" (1611), "Raízes ocultas do nazismo" (1902), "O Livro de Runas" (1983).

Gravura associada a Apolônio de Tiana.

O MAGO ROMANO

SÉCULO I EC

POUCO SE SABE AO CERTO SOBRE o mais famoso mago do mundo romano. A biografia de Apolônio de Tiana (*c.* 15 EC-*c.* 100 EC) foi escrita mais de um século depois de sua morte, pelo escritor grego Filóstrato. Assim como os biógrafos daquele outro fazedor de milagres do século I, Jesus de Nazaré, o escritor recheou a narrativa de histórias empolgantes, mas deixou de fora muitos detalhes históricos.

Apolônio nasceu na cidade de Tiana, onde hoje é o sul da Turquia. Em seus anos de adolescência, ficou profundamente impressionado com os ensinamentos de Pitágoras e decidiu tornar-se discípulo da Irmandade Pitagórica. O fato de ela não mais existir não representou um obstáculo; Apolônio devotou-se integralmente a todas as disciplinas e práticas de ascetismo que Pitágoras lhe teria imposto, incluindo o voto de silêncio de cinco anos.

Mais tarde, partiu em viagens pelo mundo romano em busca de sabedoria e até se aventurou a leste, atravessando o Império Persa até a remota terra da Índia para estudar com os sábios de lá. Enquanto isso, crescia sua reputação de homem santo. Assim como Jesus de Nazaré, tornou-se particularmente conhecido por curar doentes e expulsar demônios, e dizia-se que erguera uma menina dos mortos. Quando um rival ciumento lhe arrumou problemas com o governo romano, ele foi a Roma, defendeu-se diante das cortes imperiais, conseguiu ser absolvido e sumiu rapidamente, sendo visto logo em outra cidade, a muitos quilômetros dali. Ao contrário de seu quase equivalente da Judeia, Apolônio morreu de velhice. Durante séculos, talismãs com inspiração em desenhos baseados nele foram usados para evitar naufrágios, repelir animais e bestas perigosas, mas nenhuma religião foi fundada em seu nome.

VER TAMBÉM: "Morte de Jesus" (33 EC).

A profecia de Basílides (1630-1660), produzida por Giovanni Cesare Testa, a partir da obra de Pietro Testa. Na gravura, o imperador Tito, a caminho de Jerusalém, consulta Basílides, que lhe mostra uma visão de Deus Pai com o Cristo morto.

O PROFESSOR DE ALEXANDRIA

c. 120

PLATÃO, EM SEU DIÁLOGO *Político*, usou a palavra *gnostikoi* — "aqueles capazes de saber" — para se referir às pessoas que, segundo ele, deveriam comandar a sociedade. Muitos outros filósofos, incluindo os discípulos de Platão, usaram a mesma palavra de maneira intermitente nos anos seguintes. Em torno do início da era cristã, no entanto, o termo passou a ter um significado diferente: aqueles capazes de saber os mistérios do mundo espiritual, membros de um movimento secreto que fundia a filosofia de Platão com elementos das tradições egípcia, grega e cristã, de modo a criar uma nova espiritualidade, profundamente tingida de ocultismo.

Não se sabe ao certo onde surgiram os primeiros gnósticos, mas Alexandria é uma hipótese provável. Foi certamente lá que viveu e ensinou o primeiro professor gnóstico importante. Seu nome era Basílides de Alexandria. Os únicos fragmentos remanescentes de seus ensinamentos só apareceram mais tarde, nos escritos de cristãos caçadores de heréticos, mas esses registros são tão esparsos que apenas permitem ver meros esboços.

Como muitos gnósticos posteriores, no entanto, Basílides ensinava que a alma humana desceu de um mundo de luz para a escuridão da matéria, e ali ficou aprisionada pelas maquinações de um deus perverso — Yaldabaoth, o Demiurgo — que criou o mundo material. Jesus, dizia ele, havia vindo do mundo de luz para ensinar aos caídos como voltar para casa. Seguindo os ensinamentos de Jesus da maneira como eles os entendiam, os gnósticos praticavam exigentes disciplinas espirituais e aprendiam as palavras de poder que lhes permitiriam derrotar os demônios de Yaldabaoth.

Quando o gnosticismo surgiu, no século II EC, o cristianismo ainda era uma seita dispersa, desprovida de qualquer poder político e com pouca consistência doutrinária. Mais de três séculos se passariam até que isso mudasse — e, quando mudou, os gnósticos enfrentaram a selvagem perseguição dos cristãos ortodoxos.

VER TAMBÉM: "À espera de uma vaga" (155), "Tratados Místicos" (século III), "A Cruzada Albigense" (1208).

Frontispício de uma edição de 1821, em latim, de *O Asno de Ouro*, também conhecido como *Metamorfoses*, o único romance romano que se

MAGIA EM JULGAMENTO

SÉCULO II

Era uma união planejada pelos deuses, deve ter pensado Lúcio Apuleio (*c.* 124-*c.* 170). Voltando de Atenas com Socínio, seu amigo de escola, Lúcio adoeceu na estrada, e o amigo o levou para casa, onde sua mãe Emília, viúva havia pouco tempo, ocupou-se do belo e jovem estudante. Emília era jovem, linda, bem-educada e rica; ela e Lúcio imediatamente se apaixonaram e se casaram.

O único ponto negativo eram os parentes de Emília, que não apreciaram o súbito novo casamento da jovem viúva. Eles acusaram Lúcio de usar poções do amor para seduzir Emília e apresentaram queixa junto às autoridades romanas locais. A acusação não era totalmente absurda, porque Lúcio havia estudado filosofia platônica em Atenas, e a magia combinada aos ensinamentos de Platão já estava bem adiantada naquela época.

Felizmente, Lúcio também havia estudado retórica e era mais do que qualificado para se defender no tribunal. Quando foi levado a julgamento diante do procurador romano, todas as acusações foram encerradas. O discurso de Lúcio permanece vivo e oferece um curioso vislumbre das crenças sobre o ocultismo no apogeu de Roma.

Depois, Lúcio e Emília tomaram a sensata decisão de se afastar dos parentes. Eles se mudaram para Cartago, onde ele se tornou um conhecido orador, professor e escritor. Seu livro mais famoso, o único romance romano que se conservou, é *O Asno de Ouro*. Conta a história de um jovem idiota chamado Lúcio, que é transformado em um jumento por uma feiticeira e enfrenta uma série de aventuras insanas até ser devolvido à forma humana pela deusa Ísis. Assim como o discurso de Lúcio, o romance contém uma grande quantidade de informações sobre o ocultismo nos tempos romanos.

VER TAMBÉM: "Morte de Platão" (347 aec), "Ocultismo e filosofia com Plotino" (244).

Papa Pio I, em uma obra da oficina de Michel Wolgemut, usada como ilustração do livro *Liber Chronicarum* (ou *Crônica de Nuremberg*), de Hartmann Schedel, publicado em latim e alemão em 1493.

À ESPERA DE UMA VAGA

155

Nascido em uma pequena cidade no delta do Nilo, Valentim (*c.* 100-*c.* 160) foi a Alexandria para se educar. Cristão devoto, e logo um sacerdote ordenado, ele estudou com Teudas, um dos discípulos originais do apóstolo Paulo, e conquistou uma reputação por sua sabedoria e santidade pessoal — mas, como muitos cristãos daquela época, também era um gnóstico.

Em 136, ele foi para Roma. Naqueles anos, a autoridade entre os cristãos na metade ocidental do império estava começando a se centralizar, e a posição de bispo de Roma já se transformava na função de papa. Valentim esperava herdar esse posto após a morte do titular Higino.

Porém, quando Higino morreu, em 142, Pio I foi eleito em seu lugar. Pio era um feroz oponente do gnosticismo e um dos principais defensores do que se tornaria a ortodoxia cristã nos anos vindouros; sua eleição foi um golpe para todo o movimento gnóstico. Valentim, no entanto, ainda era relativamente jovem e permaneceu em Roma, dando aulas e escrevendo, na esperança de que a morte de Pio lhe abrisse caminho para o papado.

Mas quando Pio morreu, em 155, Aniceto — outro clérigo ortodoxo — foi eleito para o posto. Valentim deixou Roma logo depois e foi para a ilha de Chipre, onde deu aulas até o fim de sua vida. Na esteira de sua derrota, muitos de seus seguidores abandonaram as congregações cristãs para fundar suas próprias igrejas. Aqueles que acreditavam em versões alternativas dos ensinamentos cristãos fizeram o mesmo, e, com a ausência deles, a inclinação da igreja cristã a um dogmatismo severamente defendido avançou sem controle.

VER TAMBÉM: "O professor de Alexandria" (*c.* 120).

TRATADOS MÍSTICOS

SÉCULO III

A FUSÃO DA FILOSOFIA GREGA COM as doutrinas egípcias dos mistérios, que deu origem à alquimia e ao gnosticismo, teve outras consequências, uma das quais exerceria imensa influência na história do ocultismo. Trata-se de uma coletânea de textos chamada *Corpus Hermeticum*, um conjunto de quinze tratados curtos, supostamente escritos em tempos antigos por um sábio de nome Hermes Trismegisto. Eles eram, na verdade, o produto de uma escola de místicos que floresceu no Egito entre os séculos I e III da Era Comum, que creditava a autoria de todos os seus textos ao lendário fundador da instituição.

Assim como os gnósticos, os seguidores de Hermes acreditavam que a humanidade, vinda de um reino superior, havia caído no mundo material e só poderia encontrar a salvação ao elevar-se acima da matéria. Eles rejeitavam, porém, a afirmação gnóstica de que o universo era uma criação maligna de um deus perverso; ensinavam autodisciplina, filosofia oculta, alquimia, astrologia e magia, conhecimentos que levariam a um renascimento, por meio do qual o iniciado poderia se reconectar com o reino espiritual e seus poderes divinos.

Cópias do *Corpus Hermeticum*, assim como as de outros escritos de teor semelhante, espalharam-se amplamente pelo mundo romano nos últimos séculos do paganismo e tiveram um papel significativo na espiritualidade oculta daquela época. O impacto mais importante do *Corpus Hermeticum* na história do ocultismo, no entanto, ocorreu muitos séculos depois. Uma cópia da coletânea sobreviveu a séculos de perseguição cristã ao ocultismo e chegou, por fim, à Itália da Renascença. Quando foi traduzida, a visão de uma espiritualidade centrada no ocultismo explodiu como uma bomba no mundo europeu e pôs em andamento tradições que ainda vivem nos dias atuais.

VER TAMBÉM: "Registro da alquimia" (*c.* 300), "Hermetismo original" (1464), "Palavras mágicas ao papa" (1628).

Busto romano de mármore de um filósofo que se acredita ser Plotino, datado de *c.* 350.

OCULTISMO & FILOSOFIA COM PLOTINO

244

No século III EC, a grande era da filosofia clássica já havia passado há muito, mas muitas pessoas no Império Romano ainda liam os filósofos gregos e discutiam suas doutrinas. Um pensador capaz, com uma abordagem singular das questões essenciais da filosofia, podia atrair público e fundar uma escola, e foi o que Plotino fez quando chegou a Roma, em 244 EC.

Plotino (*c.* 205-270) nasceu no Egito e estudou em Alexandria por onze anos com Amônio, um importante filósofo platônico. Em 243, se juntou ao imperador Gordiano III na invasão do Império Persa, mas Gordiano foi assassinado por seus próprios soldados, e Plotino enfrentou dificuldades para retornar em segurança ao território romano. Essa experiência parece tê-lo curado de todo e qualquer gosto por aventuras; ele se instalou em Roma e começou a oferecer conferências sobre filosofia logo depois, permanecendo na cidade até sua morte.

Seus ensinamentos começavam na básica divisão de Platão entre o mundo do Ser e o mundo do Devir, e a partir daí tomavam uma direção mais mística. Plotino ensinou seus estudantes a usar a meditação para comungar com o mundo do Ser, cujos espécimes básicos ele retratou como seres inteligentes; gerações posteriores os identificariam como os deuses e deusas da religião pagã, ou como os anjos e arcanjos da fé cristã. Ele criticou duramente os gnósticos, mas sua própria doutrina tinha muito em comum com a deles, incluindo um grande interesse em como a magia e a astrologia funcionavam.

A revisão da doutrina de Platão feita por Plotino, chamada de neoplatonismo por acadêmicos modernos, tornou-se a última grande escola de filosofia do mundo clássico. Também se tornou a fundação na qual, mais adiante, muitos dos ocultistas basearam suas teorias e práticas.

VER TAMBÉM: "Morte de Platão" (347 AEC), "O professor de Alexandria" (*c.* 120), "Morte de Jâmblico" (*c.* 330).

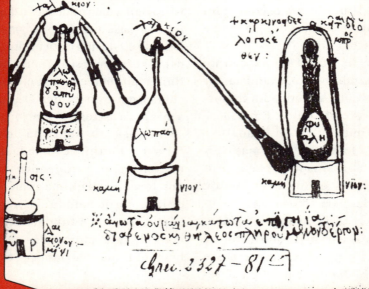

Página de um manuscrito grego bizantino do século XV, que mostra o equipamento de destilação de Zósimo.

REGISTRO DA ALQUIMIA

c. 300

Quatro séculos depois da época de Míriam, a Alquimista, a alquimia ainda vicejava na grande metrópole egípcia de Alexandria, e foi lá que prosperou um dos mais importantes escritores alquímicos, em torno do ano 300 EC. Seu nome era Zósimo, nasceu na cidade de Panópolis (atual Acmin), no sul do Egito, e visitou a antiga cidade de Mênfis para inspecionar uma velha fornalha alquímica; estes são, basicamente, os únicos fatos sobre sua vida que permaneceram conhecidos até os dias de hoje.

Seus escritos, no entanto, revelam muito sobre o cenário alquímico na Alexandria da época. Ele tinha acesso aos textos de muitos alquimistas de épocas anteriores e considerava a obra de Míriam, a Alquimista, particularmente valiosa. Zósimo também conhecia a literatura espiritual de seu tempo e foi fortemente influenciado pelo *Corpus Hermeticum*, que citou de maneira favorável em vários textos. Para ele, a alquimia lidava tanto com transformações espirituais como com substâncias materiais. Alguns de seus escritos mais influentes assumiam a forma de vívidas sequências de sonhos, nas quais pessoas e lugares misteriosos aludiam veladamente aos mais profundos segredos da alquimia. Não se sabe se ele foi ou não o primeiro a fazer isso, mas seus textos tiveram um papel importante ao fazer com que mitos, metáforas e símbolos imagéticos se tornassem fundamentais para a literatura alquímica posterior.

Muitos dos livros de Zósimo eram dirigidos a outra pessoa: uma mulher chamada Teosébia, que era uma respeitada professora de alquimia. Os dois, aparentemente, tinham uma persistente discordância em relação a sigilo; Teosébia se aferrava à visão tradicional de que a alquimia só deveria ser transmitida a pupilos selecionados e sob voto de silêncio, enquanto Zósimo acreditava que a alquimia deveria ser compartilhada com todos. Nenhum registro dos argumentos defendidos por Teosébia sobreviveu, mas a história mostra que o seu ponto de vista foi o vencedor da disputa.

VER TAMBÉM: "A brilhante alquimista" (século I AEC), "Tratados Místicos" (século III).

PORPHIRE SOPHISTE.
Chap. 37.

Uma ilustração de Porfírio, em *Les Vrais Pourtraits et Vies des Hommes Illustres Grecz, Latins et Payens* (Os verdadeiros retratos e vidas de gregos, latinos e pagãos ilustres), publicado em 1584 pelo explorador e cosmógrafo franciscano André Thevet, nascido na França.

qu'auoit de luy Porphire Philosophe Tyrien, ioinct que parmy mes autres recherches est tombé entre mes mains son pourtraict naturel, que i'ay recouuert d'vn Grec estant en la ville de Retimo, situee en l'Isle

MORTE DE JÂMBLICO DE CÁLCIS

c. 330

No fim do século III, o cristianismo era um poder em ascensão em todo o mundo romano. Ao contrário das religiões pagãs, a fé cristã não estava comprometida com um status quo em ruínas. Seu apelo junto aos pobres e oprimidos a tornava extremamente atraente em uma época de turbulência social e econômica, mas ainda havia muitas pessoas cuja lealdade permanecia com os antigos costumes, e elas buscaram unir os pagãos em uma aliança defensiva contra a nova fé.

A mais bem-sucedida dessas pessoas foi Jâmblico de Cálcis (*c.* 250-*c.* 330). Nascido em uma família de classe alta na Síria romana, ele aprendeu a filosofia de Platão com os grandes professores Anatólio e Porfírio. Quando era jovem, a filosofia e a religião pagã ainda disputavam entre si; seu mentor Porfírio, por exemplo, denunciou o tradicional costume pagão do sacrifício animal.

Jâmblico, no entanto, procurou encontrar pontos de contato entre a filosofia e a religião. Ele fez isso ao concluir a fusão entre a filosofia platônica e o ocultismo. Jâmblico viu que as tradicionais práticas mágicas e religiosas do mundo antigo poderiam ser repensadas como apoios para a visão mística da realidade sobre a qual Platão e Plotino haviam discutido. Ele batizou essa nova aplicação da magia de *teurgia*, "o trabalho divino". Em seus escritos, particularmente em *Sobre os Mistérios*, ele explicou como a religião e a magia pagãs tradicionais faziam sentido em termos platônicos e, portanto, podiam ser praticadas e defendidas tanto por intelectuais como por romanos comuns.

Jâmblico nadava contra a corrente, e sua tentativa de conter a disseminação do cristianismo por meio de um paganismo ressurgente estava fadada ao fracasso. No curto prazo, porém, acendeu a chama da última grande explosão do ocultismo clássico — e, no longo prazo, seus escritos e a teurgia se tornariam influências poderosas nas tradições ocultistas milênios depois.

VER TAMBÉM: "Morte de Platão" (347 aec), "Ocultismo e filosofia com Plotino" (244), "Propagando o conhecimento antigo" (1821).

Busto do imperador romano Juliano, o Apóstata, do século IV, dos Museus Capitolinos, em Roma.

O ÚLTIMO IMPERADOR PAGÃO

363

Em 313, o imperador romano Constantino publicou o Édito de Milão, que retirava todas as punições legais contra o cristianismo e concedia à igreja cristã uma série de privilégios. Como resposta, os cristãos partiram em ofensiva contra o paganismo, com o apoio do governo imperial, que havia tornado os monges e sacerdotes cristãos imunes a processos. Antes do triunfo da nova religião, contudo, uma improvável série de eventos levou um filósofo pagão ao trono.

Sendo filho de um meio-irmão de Constantino, Juliano (c. 331-363) teve uma educação cristã devota, mas rejeitou o cristianismo em favor dos antigos deuses pagãos. Estudou em Éfeso e em Atenas, e abraçou o neoplatonismo mágico dos ensinamentos de Jâmblico.

Foi então que o novo imperador, Constâncio II, filho de Constantino, tornou Juliano encarregado da Bretanha e da Gália. O jovem mostrou ser um general e administrador competente, derrotando bárbaros na fronteira e reformando o governo local. Constâncio, um cristão fanático, foi tomado por ciúmes do primo; os soldados de Juliano o proclamaram imperador, e quando Constâncio morreu repentinamente, em 361, todo o mundo romano reconheceu Juliano como herdeiro dos Césares.

Ele agiu rapidamente para proclamar a tolerância para com todas as religiões, reinstalou templos e sacerdócios pagãos onde estes haviam sido abolidos e retirou privilégios do clero cristão. Em 362, porém, o aumento das tensões com o Império Persa o forçou a deixar a capital, Constantinopla, para se juntar aos exércitos no Oriente. No início do ano seguinte, Juliano liderou as forças romanas rumo à vitória perto de Ctesifonte, mas foi mortalmente ferido logo depois. Com ele morreu a última esperança do paganismo clássico, e seu envolvimento com a teurgia ajudou a lançar as bases para séculos de perseguição ao ocultismo que viriam depois.

VER TAMBÉM: "Ocultismo e filosofia com Plotino" (244), "Morte de Jâmblico" (c. 330).

Placa votiva do século IV, conhecida como Tábua de Ninnion, que mostra rituais de iniciação dos mistérios de Elêusis, parte do acervo do Museu Arqueológico Nacional de Atenas.

FIM DOS MISTÉRIOS DE ELÊUSIS

396

Durante 2 mil anos, talvez mais, a cada outono celebravam-se cerimônias na pequena cidade de Elêusis, perto de Atenas, que se tornavam mais famosas e elaboradas com o passar do tempo. Na era romana, o templo dos cultos de Elêusis era uma enorme construção, do tamanho de meio campo de futebol, e atraía pessoas de todas as partes do mundo antigo.

Todos os novos iniciados tinham de passar por cerimônias preliminares no rio Ilissos durante o mês de antestérion (nosso fevereiro), nas quais ofereciam sacrifícios, purificavam-se na água e ouviam lições. Um ano e meio depois, durante o boédromion (nosso setembro), eles marchavam até Elêusis, chegando na hora do crepúsculo. Então entravam no templo, e a cerimônia de iniciação tinha lugar. Hoje ninguém sabe em que consistia tal cerimônia, mas entre os escritores antigos era unânime o fato de que aqueles que por ela passavam não tinham mais medo da morte.

Mesmo depois de o cristianismo assumir o poder, os mistérios de Elêusis persistiram por algum tempo e floresceram novamente durante o breve reinado de Juliano. Quando, em 384, um novo imperador promulgou um édito que proibia assembleias pagãs à noite, o procônsul da Grécia, Vetio Agorio Pretextato, desafiou a ordem e colocou em risco sua vida e sua posição. Entretanto, questões políticas entre os pagãos ainda existentes e a crescente pressão de cristãos fanáticos perturbaram os anos finais dos mistérios de Elêusis.

Por fim, em 396, os bárbaros visigodos invadiram a Grécia. Recém-convertidos ao cristianismo, eles saquearam e destruíram santuários pagãos em todo o país, incluindo o de Elêusis. Ainda que, por muitos anos depois, pequenos grupos pagãos tenham mantido algo semelhante aos velhos rituais em outros lugares, a destruição do templo marcou o fim dos mistérios de Elêusis em sua forma tradicional.

VER TAMBÉM: "Prazeres proibidos" (186 aec).

Um painel em mosaico, feito em 547, representando o imperador Justiniano I, na Basílica de São Vital, em Ravena, na Itália.

A NOVA LEI DO IMPERADOR

538

Nenhum dos pagãos que ainda restavam no mundo romano tinha qualquer dúvida sobre o que estava por vir, mas, mesmo assim, o que ocorreu deve ter sido um choque. Em 538, o imperador Justiniano removeu os direitos civis de todos os não cristãos e dos cristãos heréticos do império, e ordenou o fechamento de todas as instituições educacionais e culturais pagãs. Os protestos das minorias pagãs foram reprimidos pelas tropas do governo, e a longa história do paganismo no mundo antigo chegou ao fim.

Parte dos pagãos que restaram tomou uma atitude desesperada e viajou para leste, até as fronteiras do império. Alguns encontraram um lar no Império Persa, que tinha uma postura bem mais tolerante para com a religião que Roma. Outros foram mais longe ainda, para a Ásia Central e as mais afastadas províncias do Império Chinês, onde as heresias cristãs também foram acolhidas. Um número significativo, no entanto, estabeleceu-se em Harã.

A cidade existia desde o terceiro milênio AEC, aninhada em um vale onde hoje é o sudeste da Turquia: um lugar de casas feitas com tijolo de barro, cercado por campos verdes e colinas marrons. Os sumérios, que a fundaram como um posto comercial, dedicaram-na ao seu deus lunar Sin, mas a cidade absorveu tradições religiosas e mágicas de inúmeros povos à medida que o Oriente Médio atravessava os ciclos de sua história.

A chegada do cristianismo e a interdição do paganismo tiveram pouco impacto em Harã. Situada na problemática fronteira entre os impérios Romano e Persa, a cidade podia dar-se ao luxo de ignorar as leis romanas que proscreviam os cultos pagãos. Nos anos que se seguiram, Harã tornou-se o último bastião do neoplatonismo pagão de Jâmblico e Juliano, transmitindo uma versão de culto pagão entremeado de ensinamentos e práticas ocultistas.

VER TAMBÉM: "A queda da cidade de magia" (1271).

Um desenho de Merlin retirado da *Crônica de Nuremberg*, uma história mundial e paráfrase bíblica escrita por Hartmann Schedel e publicada em 1493.

MERLIN E A BATALHA DE ARDERYDD

573

Seu nome verdadeiro era provavelmente uma forma modificada de Ambrósio, e ele nunca conheceu o obstinado chefe militar romano-britânico hoje lembrado como rei Arthur, mas o feiticeiro Merlin foi, aparentemente, uma pessoa real. Ele viveu nas Terras Baixas da Escócia no século VI, e fragmentos de sua biografia resistiram por tempo suficiente para serem costurados em um romance pelo autor medieval Godofredo de Monmouth.

A Bretanha do século VI estava devastada pela guerra. Guerreiros saxônicos oriundos do que hoje é a costa noroeste da Alemanha haviam sido chamados para servir como forças mercenárias ali, somente para se voltarem contra seus patrões e conquistarem territórios para si próprios. O povo britânico não foi capaz de se unir contra os saxões por diversos motivos, incluindo os conflitos religiosos que dividiam cristãos e pagãos e os colocavam em guerra uns com os outros. Em 573, na batalha de Arderydd, o último soberano pagão da Bretanha ao sul das Terras Altas foi derrotado e morto por um exército cristão. Gwenddolau era o nome desse rei, e o Merlin original era o poeta de sua corte e, muito provavelmente, seu sacerdote druida; a elegia de Merlin para o rei caído está entre os mais antigos poemas sobreviventes da língua galesa.

Como a história de Merlin acabou ligada ao conjunto de narrativas em torno do rei Arthur é difícil dizer, mas coisas assim aconteceram muitas vezes na história das lendas. Uma vez preso aos imensamente populares contos arturianos, porém, Merlin logo se tornou o arquétipo que serviu de base para moldar a maioria dos feiticeiros de tempos posteriores, e as profecias escritas sob seu nome por autores laboriosos se tornaram tão populares na Idade Média como são hoje as previsões de Nostradamus.

VER TAMBÉM: "Queda de Mona" (57 EC).

GEBER ALCHYMISTE ARABE.
Chap. 33.

ALQUIMIA DE JABIR

c. 800 EC

Ele foi um dos grandes eruditos de sua época, autor de mais de uma centena de livros sobre uma miríade de assuntos. Mas a grande paixão de Jabir ibn Hayyan foi a alquimia. Nascido em Cufa, onde hoje é o Iraque, Jabir ibn Hayyan (*c.* 720-*c.* 815) dedicou-se ao estudo da medicina e, por muitos anos, foi um médico respeitado em sua cidade natal. Mais tarde em sua vida — não se sabe ao certo a data —, foi chamado a Bagdá, a então capital política do mundo muçulmano, pelo califa Harun al-Rashid.

Na época em que Jabir chegou a Bagdá, a grande era das conquistas muçulmanas havia acabado. Ainda que as religiões pagãs da Grécia e de Roma fossem rigorosamente proibidas, o conhecimento religioso e científico reunido por eruditos gregos e romanos não o era, e muitos ramos do ocultismo foram adotados por estudiosos árabes, junto a outras relíquias do saber clássico. A alquimia e a astrologia, em particular, atraíram a atenção dos intelectuais muçulmanos; uma vez dominada a base dos conhecimentos que haviam sobrevivido, uma grande quantidade de obras originais foi desenvolvida nessas duas ramificações dos estudos do ocultismo.

A chegada de Jabir a Bagdá foi parte desse processo. Com o apoio financeiro do califa, ele montou o mais completo laboratório alquímico da época e conduziu um ambicioso programa de experimentações. Seu objetivo não era simplesmente fabricar ouro, mas compreender a natureza interior dos metais e o mundo natural como um todo. Ele desenvolveu novos métodos para preparar uma série de produtos químicos, projetou fornalhas engenhosas que forneciam calor constante a processos de alquimia e elaborou teorias sobre a composição dos metais que se sustentaram até o início da revolução científica.

VER TAMBÉM: "A brilhante alquimista" (século I AEC), "Registro da alquimia" (*c.* 300).

Diana como a Personificação da Noite, c. 1765, parte de um conjunto de quatro pinturas de Anton Raphael Mengs (1728-1779). No século IX, algumas "mulheres malévolas" afirmavam subir aos céus para atender às ordens de Diana.

AS IDEIAS DO CANON EPISCOPI

SÉCULO IX

Algumas mulheres malévolas... acreditam e professam que nas horas noturnas cavalgam alguns animais com Diana, a deusa dos pagãos, e com uma imensurável multidão de outras mulheres, e na calada da noite elas atravessam vastas regiões do mundo e obedecem às ordens dela como suas concubinas, sendo convocadas para servi-la em determinadas noites.

Essas palavras vêm de uma decisão do conselho de uma igreja local na França, no século IX. Mais tarde, a decisão foi erroneamente atribuída ao Concílio de Ancira [hoje Ancara, na Turquia] no século IV, um dos conselhos ecumênicos que estabeleceram as fundações do cristianismo. Foi nesse formato que se tornou parte dos cânones da lei católica. O texto começa com a palavra "bispos" — *episcopi*, em latim —, o que deu origem ao nome pelo qual ficou conhecido: *Canon Episcopi*.

As crenças nas "mulheres malévolas" não eram exclusivas da França do século IX. Por toda a Europa, lendas e registros da igreja trazem relatos de um conjunto de crenças xamanísticas, segundo as quais algumas pessoas deixavam seus corpos à noite, em determinadas datas, para viajar na companhia de seres sobrenaturais.

O que torna o *Canon Episcopi* importante na história do ocultismo, no entanto, é o fato de ter classificado as crenças nas "mulheres malévolas" como superstição ou, no máximo, alucinações inspiradas pelo Diabo, estabelecendo como pecado acreditar que bruxas teriam qualquer poder para fazer mal a cristãos. O resultado foi que, por quase toda a Idade Média, as autoridades religiosas católicas rejeitaram crenças em bruxaria e outras tradições ocultistas como ideias tolas oriundas de ignorantes. Só no século XIV o *Canon Episcopi* foi deixado de lado, e começou o Tempo das Fogueiras.

VER TAMBÉM: "Queimado por heresia" (1327), "Os bons caminhantes" (1575).

65

Os Cavaleiros Templários foram uma rica e poderosa ordem que ficou conhecida pelas batalhas nas Cruzadas e pela administração de sua infraestrutura econômica, até que acabaram presos e queimados na fogueira.

FUNDAÇÃO DOS CAVALEIROS TEMPLÁRIOS

1118

No início havia apenas nove deles — cavaleiros da França que se uniram à Primeira Cruzada para tomar a Terra Santa dos muçulmanos. Em 1118, foram até o Patriarca de Jerusalém e formaram uma ordem de monges guerreiros, que combinava a disciplina do claustro com a do campo de batalha. Eles receberam alojamento no local do arruinado Templo de Salomão e assumiram o nome de Ordem dos Pobres Cavaleiros de Cristo e do Templo de Salomão. Ficaram conhecidos historicamente como Cavaleiros Templários.

A missão oficial era proteger peregrinos contra assaltantes muçulmanos na viagem a partir dos portos da costa do Mediterrâneo. Mas nove cavaleiros constituíam uma tropa pequena demais para guardar as rotas de peregrinação, e nos primeiros nove anos os templários não fizeram qualquer esforço para aumentar seu efetivo. Rumores de longa data, apoiados em provas arqueológicas, sugerem que eles gastavam boa parte de seu tempo cavando túneis embaixo das ruínas do templo.

O que eles encontraram ali continua sendo um mistério. Em 1127, no entanto, o grão-mestre da pequena ordem, Hugues de Payens (*c*. 1070-1136), voltou para a França. Depois disso, novos recrutas afluíram para a bandeira dos templários, e reis e nobres fizeram pródigas doações para a ordem. Os Pobres Cavaleiros rapidamente se tornaram uma das mais ricas ordens monásticas da cristandade. Suas propriedades por toda a Europa direcionavam receita para os castelos templários que guardavam a Terra Santa; o fluxo de dinheiro era tão grande que os Cavaleiros Templários inventaram a maior parte dos fundamentos dos bancos modernos, a fim de lidar com os recursos. Sempre que você assina um cheque está fazendo uso de uma prática templária.

Até então, não havia qualquer sinal de ocultismo ali. Isso viria mais tarde, depois de gerações de templários terem vivenciado o caldo de religião e mágica que era a Terra Santa, o que daria ensejo a uma lenda e a um legado que perduram até hoje.

VER TAMBÉM: "Prisão dos Cavaleiros Templários" (1307).

CRUZADAS & FEITIÇARIA

SÉCULO XIII

"Se você exige só obediência,
então juntará em volta de si
mesmo apenas tolos."
— Empédocles

A CRUZADA ALBIGENSE

1208

Eles chamavam a si próprios cátaros, a partir do termo grego para "os puros"; seus inimigos os chamavam de albigenses, "essa gente de Albi", pela cidade francesa onde suas atividades inicialmente se concentraram. Eles ensinavam um cristianismo gnóstico no qual Deus e Satã eram equivalentes, e os seres humanos, presos no mundo material de Satã, eram chamados a escapar para o mundo luminoso de Deus. Eles rejeitavam a autoridade do papa e os sacramentos da Igreja Católica. Apesar disso, estabeleceram bases no norte da Itália e no sul da França em torno do ano 1000. A partir de 1175, a corrupção no clero católico e a eficaz pregação dos cátaros levaram a um salto expressivo nos adeptos do movimento. Roma reagiu condenando o catarismo como heresia e enviando missionários para contra-atacar, mas isso não se mostrou muito eficaz para conter a disseminação do movimento.

Em 1208, a crescente espiral de tensão culminou em violência quando um legado papal foi assassinado pelos cátaros. Em resposta, o papa Inocêncio III proclamou uma cruzada. Todas as cruzadas já feitas antes haviam sido direcionadas contra os muçulmanos na Terra Santa; essa foi a primeira vez que a igreja convocou uma guerra contra seus inimigos na Europa — mas não a última. O combate começou em 1209 e grassou até que a última fortaleza cátara, em Montségur, fosse conquistada em 1244. No decorrer da guerra, o sul da França foi devastado, e centenas de milhares de civis inocentes morreram.

Entre os legados da Cruzada Albigense estava uma nova organização, criada pela Igreja Católica em 1239, cuja função era caçar hereges por quaisquer meios que fossem necessários. Nos séculos seguintes, essa organização deixaria um rastro de sangue pela Europa, e milhares de ocultistas, entre outros, seriam condenados a morrer nas chamas. Seu nome, claro, era a Inquisição.

VER TAMBÉM: "O professor de Alexandria" (*c.* 120).

São Domingos de Gusmão e os Albigenses, pintado por Pedro Berruguete no fim do século XV. O quadro retrata uma lenda segundo a qual, durante uma disputa entre São Domingos e os cátaros, os livros de ambos foram jogados na fogueira — e aqueles do santo foram milagrosamente poupados.

Este diagrama da Árvore da Vida (ou Árvore Sefirótica), na obra *Portae lucis* (1516), de Paulus Ricius, representa os atributos divinos (*sefirot*), o místico sistema judaico da cabala.

ORIGENS DA CABALA

c. 1230

Todos na comunidade judaica de Narbonne, no sul da França, sabiam que o rabino Isaac, o Cego (*c.* 1160-1235), era um erudito perspicaz, que possuía um profundo conhecimento das escrituras. Dentro de seu círculo de estudantes, entretanto, começaram a correr rumores de que o respeitado rabino havia descoberto algo mais profundo e emocionante que o processo normal de interpretação das escrituras: uma nova maneira de compreender a Torá, que parecia abrir a porta para mistérios surpreendentes.

Como o início da história dos cátaros já havia demonstrado, as províncias do sul da França tinham uma postura tolerante em relação à dissidência. Ali prosperavam comunidades judaicas, e os vínculos comerciais com o Norte da África e o Levante [região onde ficam Síria, Líbano, Turquia, Egito e Israel] haviam trazido um conhecimento que se perdera na Europa durante a Idade das Trevas, mas que subsistira no mundo muçulmano. Foi dessa forma que os rabinos do sul da França obtiveram dois livros antigos — o *Sepher yetzirah* [Livro da Formação] e o *Sepher ha-bahir* [Livro da Iluminação]— que aludiam a mistérios profundos escondidos nas escrituras.

O segredo para a nova doutrina do rabino Isaac, no entanto, era numérico: as mesmas tradições de números místicos e geometria sagrada que haviam entrado no mundo ocidental por meio de Pitágoras e tido um importante papel no gnosticismo. Ele e seus estudantes passaram a acreditar que essas eram as chaves para os mais secretos ensinamentos do judaísmo, tão preciosas que só podiam ser transmitidas oralmente. Pouco tempo depois, a palavra hebraica para "tradição oral" — que pode ser grafada como cabala, kabbalah ou qabalah — passou a ser aplicada a esses ensinamentos. Após a morte do rabino Isaac, eles se espalharam rapidamente pelas comunidades judaicas em torno do Mediterrâneo. Seriam necessários séculos, porém, antes que a cabala se tornasse um elemento central das amplas tradições ocultistas do mundo ocidental.

VER TAMBÉM: "Abulafia no rastro do Papa" (1279), "*De Verbo Mirifico*" (1494), "De volta à Terra Santa" (1570).

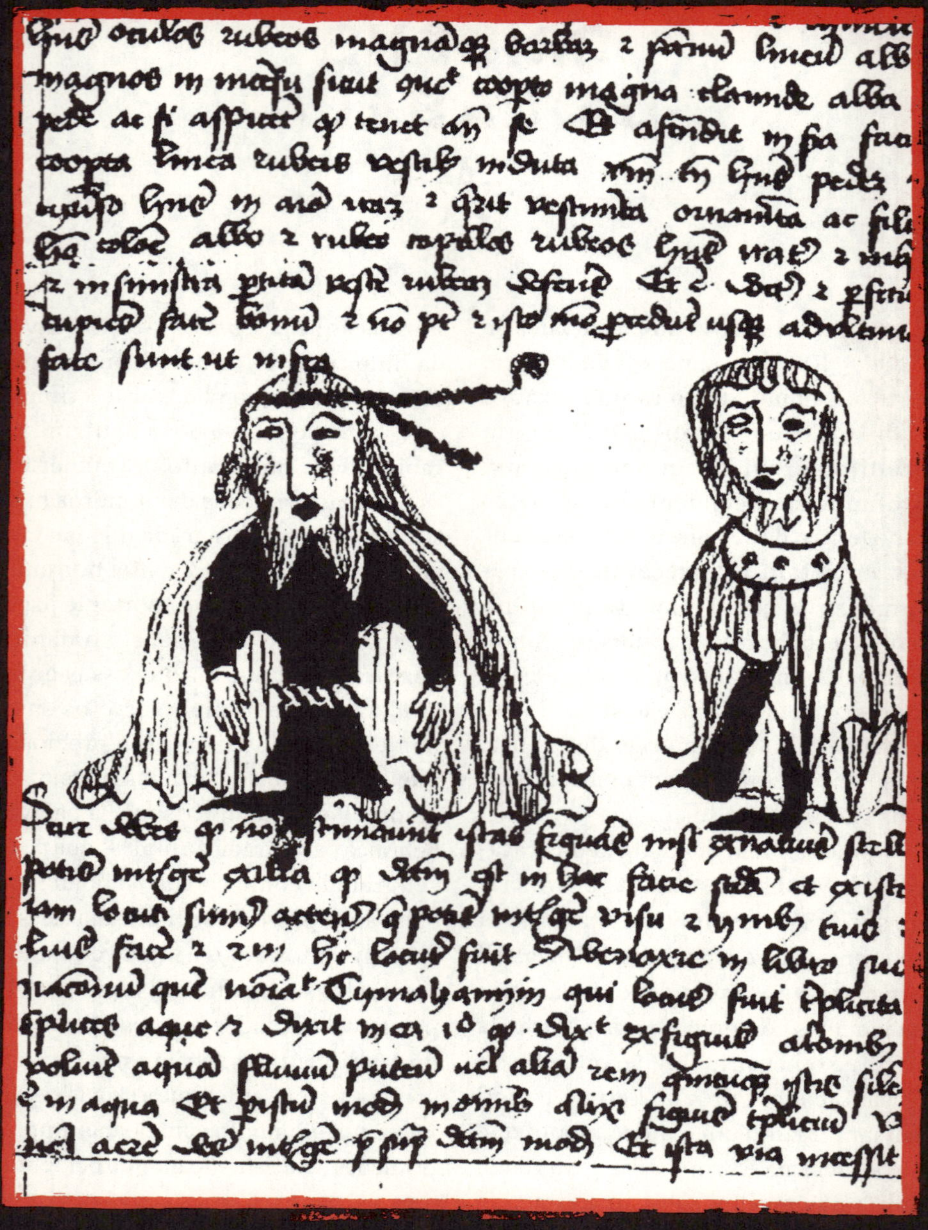

Página do manuscrito original de *Picatrix*.

O LIVRO DO FEITICEIRO ÁRABE

1256

A Espanha do século XIII era uma mixórdia de reinos em disputa, mas um deles — Castela — presenciou um notável florescer da arte, da sabedoria e do ocultismo. Sob o patrocínio do rei Afonso X (1221-1284), chamado *el Sabio*, muitas obras sobre o ocultismo foram traduzidas do árabe. A mais importante delas era um livro estranho com um título indecifrável: *Picatrix*.

O original em árabe tinha por título *Ghayat al-hakim* [A meta do sábio]. Foi escrito no século IX ou X por um anônimo feiticeiro árabe, na Espanha ou no Norte da África, que ocultou sua identidade por trás do nome do notável sábio e místico al-Majriti. Ninguém sabe por que os tradutores de Afonso mudaram o título, nem o que significa *Picatrix*. O que tornou o livro tão importante foi o seu caráter de manual enciclopédico de prática e filosofia mágicas, sendo a mais abrangente obra sobre ocultismo a surgir no Ocidente entre *Sobre os Mistérios*, de Jâmblico, e *Três Livros de Filosofia Oculta*, de Cornelius Agrippa.

As lições de *Picatrix* se concentravam em astrologia, mas uma astrologia a milênios de distância da moderna prática de interpretar a personalidade a partir de mapas astrais. Em vez disso, o céu era fonte de poder mágico, e as cerimônias conduzidas quando os planetas estavam em determinadas posições atraíam o poder das estrelas para fazer com que ocorressem maravilhas na Terra. Folhear hoje as páginas de *Picatrix* é ser transportado para um mundo de talismãs, poções e espíritos perigosos que podem ajudar feiticeiros ou, se um único detalhe do ritual for esquecido, destruí-los.

Uma vez traduzido em latim, *Picatrix* tornou-se o mais notório manual de feitiçaria do mundo ocidental. Poucos ousavam confessar que tinham um exemplar, mas a maior parte dos mais importantes livros sobre magia da época o utilizava livremente como fonte de cópia. Somente quando houve um abandono generalizado do ocultismo, na Renascença, é que ele caiu no esquecimento.

VER TAMBÉM: "Três Livros de Filosofia Oculta" (1533), "Propagando o conhecimento antigo" (1821).

A torre e o arco do Templo de Sin, o deus lunar, no sítio arqueológico de Harã. O templo foi destruído nas guerras entre líderes rivais e nas invasões estrangeiras.

A QUEDA DA CIDADE DE MAGIA

1271

A cidade de Harã resistiu por milênios, apesar da ascensão e queda de impérios e civilizações. Sua posição, na fronteira entre os impérios Romano e Persa, fez dela um refúgio para os pagãos depois que o Império Romano proscreveu todas as religiões, exceto o cristianismo. Por muitos séculos, Harã permaneceu um abrigo não somente para a religião pagã, mas também para as tradições ocultistas da teurgia, as quais Jâmblico havia entremeado com as antigas fés pagãs.

Quando os exércitos do islã conquistaram a região, em 639 ec, Harã mais uma vez resistiu. O Corão exige que os muçulmanos tolerem as três "religiões do livro": judaísmo, cristianismo e *Sabi'ah*, ou sabeísmo. Em que exatamente consiste (ou consistia) o *Sabi'ah* é uma questão que há séculos tem perturbado os eruditos muçulmanos, mas a população de Harã conseguiu convencer os conquistadores árabes de que Alá se lembrara deles, o que lhes conferiu a permissão para manter suas tradições religiosas sem impedimento.

A partir de então, e por mais de seis séculos, Harã prosperou como um centro de estudos de magia, astrologia, alquimia e filosofia, e muitos de seus sábios ascenderam a posições de respeito no mundo islâmico. Um deles, o célebre astrólogo Thabit ibn Qurra (826-901), publicou uma defesa da religião de Harã que ficou famosa por um bom tempo.

As guerras entre o califado de Bagdá e o Império Bizantino, no entanto, devastaram a região, sendo seguidas por batalhas entre governantes muçulmanos rivais e, finalmente, pela invasão dos mongóis. O templo do deus lunar, o coração espiritual de Harã, foi destruído nas guerras, e as rotas comerciais das quais dependia a prosperidade da cidade não sobreviveram à turbulência.

Em 1271, Harã foi abandonada por seus últimos moradores. Bem antes disso, porém, as tradições ocultistas que ali haviam encontrado abrigo se espalharam por todo o mundo muçulmano e, no tempo devido, alcançaram também a Europa cristã.

VER TAMBÉM: "A nova lei do Imperador" (538).

הכון לקראת אלהיך ישראל

ABULAFIA NO RASTRO DO PAPA

1279

A PARTIR DE SUA ORIGEM NO SUL da França, a cabala se espalhou rapidamente por meio da diáspora judaica. Abraham Abulafia (*c.* 1240-*c.* 1291) foi um de seus primeiros mestres. Filho de um rabino de Saragoça, na Espanha, ele estudou a Torá e o Talmude com seu pai até a morte deste, em 1258. Depois disso, como era comum na época, viajou por vários lugares, em busca de um professor que lhe pudesse expor os mais profundos mistérios das escrituras.

Ele encontrou o que buscava em Barcelona, em 1271, quando um cabalista chamado Baruch Togarmi lhe apresentou o *Sepher yetzirah* e ensinou-o a meditar sobre as combinações das letras hebraicas. Em pouco tempo, Abulafia experimentou um profundo despertar espiritual e passou a acreditar que Deus lhe havia concedido poderes proféticos.

Em 1279, uma experiência visionária convenceu Abulafia de que Deus o havia convocado para converter o papa Nicolau III ao judaísmo. Ele partiu imediatamente para Roma, onde descobriu que o papa havia ido para a cidade de Saronno, e então foi atrás. Rumores sobre sua missão chegaram ao seu destino antes dele, e o papa ordenou que Abulafia fosse capturado e queimado na fogueira caso se apresentasse na corte papal. Apesar do alerta, Abulafia apresentou-se mesmo assim — e ficou sabendo, ao chegar à corte, que o papa havia morrido durante a noite. Funcionários da igreja prenderam Abulafia por um mês, depois o deixaram partir.

Ele voltou a Barcelona, mas suas crenças e alegações idiossincráticas sobre poderes proféticos foram demais para a comunidade judaica; por fim se mudou para a Sicília e, depois, para uma pequena ilha perto de Malta. Ainda que permanecesse uma figura controversa, não lhe faltavam alunos, e suas meditações sobre o alfabeto hebraico se tornaram uma prática comum em escolas cabalistas de tempos posteriores.

VER TAMBÉM: "Origens da cabala" (*c.* 1230), "De Verbo Mirifico" (1494), "De volta à Terra Santa" (1570).

ACENDENDO AS FOGUEIRAS

SÉCULO XIV

"O Inferno está vazio
e todos os demônios estão aqui."
— *Shakespeare*

Uma miniatura das *Chroniques de France ou de St. Denis*, uma história da França composta em uma abadia francesa entre *c.* 1270 e 1380, originalmente publicada no século XIV. Representa Jacques de Molay, grão-mestre dos templários, e Geoffroi de Charney, preceptor da Normandia, sendo queimados na fogueira em Paris.

PRISÃO DOS CAVALEIROS TEMPLÁRIOS

1307

As ORDENS PARTIRAM SECRETAmente da corte real francesa, levadas por mensageiros de confiança aos servidores do rei Filipe IV. Por todo o reino da França, os funcionários reais ficaram boquiabertos diante de tais ordens e mandaram buscar seus soldados. Pouco antes do amanhecer de uma sexta-feira, 13 de outubro, ecoaram os sons de homens armados em movimento. Então, exatamente ao alvorecer, eles atacaram, esmurrando as portas de cada casa capitular dos Cavaleiros Templários na França e prendendo todos os que lá estavam. Cerca de 2 mil membros da ordem, incluindo uma centena de cavaleiros e o grão-mestre, Jacques de Molay (1244-1314), foram capturados. Estavam sendo acusados de heresia. Em 1308, o papa Clemente V autorizou prisões semelhantes em todo o mundo cristão.

De acordo com os oficiais de Filipe IV, os templários haviam abandonado a fé cristã para venerar um ídolo chamado Baphomet, que fazia as plantas crescerem. Espalharam-se rumores escandalosos, e os membros da ordem dos templários foram torturados até que confessassem cada detalhe. Em outros países, as investigações não encontraram provas de infração, mas o rei francês só aceitaria um veredicto. A ordem foi dissolvida pelo papa em 1312; fora da França, seus membros foram discretamente acolhidos em outros monastérios, e, na França, os que admitissem as acusações podiam fazer o mesmo. Aqueles que resolveram contestá-las tiveram um destino mais cruel. Cinquenta e quatro deles foram queimados na fogueira em 1310; quatro anos depois, o grão-mestre Jacques de Molay e um de seus assistentes sofreram o mesmo destino.

Muitos historiadores argumentam que Filipe IV destruiu os templários apenas para tomar posse das imensas riquezas que eles tinham. Entre os ocultistas, no entanto, a noção de que os templários haviam aprendido segredos ocultos no Oriente Médio já circulava há séculos, e essa crença inspirou muitos grupos ocultistas a assumirem a herança templária.

VER TAMBÉM: "Fundação dos Cavaleiros Templários" (1118).

Página de *L'Acerba*, um controverso livro de Cecco d'Ascoli. *L'Acerba* consistia em quatro volumes sobre assuntos como astronomia, vícios e virtudes, minerais e moralidade, além de um quinto volume sobre teologia, que ficou inacabado.

QUEIMADO POR HERESIA

1327

A carroça, cercada por uma multidão zombeteira, arrastava o condenado até um espaço aberto onde uma comprida estaca de madeira havia sido instalada, com lenha empilhada em sua base. Homens armados puxavam o prisioneiro da carroça e o amarravam na estaca. Então, depois de algumas palavras dos clérigos presentes, mergulhava-se uma tocha em meio à madeira, e os gritos do condenado se misturavam ao bramido das chamas. Assim era a punição para a heresia na Europa medieval — mas essa foi a primeira vez a ser imposta como castigo pela prática de magia.

Cecco d'Ascoli (1257-1327) tornou-se professor de astronomia e astrologia na Universidade de Bolonha em 1322, e escreveu um comentário sobre *De sphaera*, de Johannes de Sacrobosco, um tratado de astronomia usado por toda a Europa na época. Seu texto estava cheio de referências à magia e incluía instruções para convocar um espírito chamado Floron em uma estatueta mágica. Cecco logo se viu arrastado diante da Inquisição. Condenado como herético, perdeu sua cátedra e foi proibido de lecionar; logo depois, deixou Bolonha e passou a desempenhar a função de astrólogo da corte do duque de Florença. Mas nem mesmo um patrono tão poderoso pôde protegê-lo, e, em 1327, ele foi condenado como herético reincidente e mandado para a fogueira.

O terrível destino de Cecco foi o prenúncio de algo muito pior, pois ele foi o primeiro a ser condenado por heresia relacionada à prática de magia. Até então, sob a orientação do *Canon Episcopi*, a Igreja Católica havia considerado a prática de magia uma mera superstição, proibida pela lei eclesiástica, mas cuja punição era uma simples penitência. A heresia, em contraste, era um dos piores crimes sob a lei canônica, e assim que a magia passou a ser definida dessa forma, abriu-se o caminho para as perseguições violentas dos séculos seguintes.

VER TAMBÉM: "As ideias do *Canon Episcopi*" (século IX), "Julgamentos por bruxaria de Valais" (1428).

A PEDRA FILOSOFAL

1382

Dos tempos antigos até o princípio da era moderna, houve quem alegasse ter completado a Grande Obra da alquimia e criado a pedra filosofal. Entre eles estavam Nicolas (*c.* 1330-1418) e Perenelle (*c.* 1320-1397) Flamel. Ainda que tenham tido um pequeno papel no primeiro livro da série *Harry Potter*, de J.K. Rowling, os Flamel realmente existiram, e os relatos de Nicolas Flamel sobre suas viagens e suas obras ganharam fama assim que foram publicados, no início do século XV.

Flamel era um escriba profissional que colecionava livros antigos. Um dia, comprou um curioso manuscrito de 21 páginas, que mostrava símbolos alquímicos sem qualquer explicação. Ele e sua esposa, Perenelle, que também se interessava por alquimia, passaram anos tentando decifrá-los. Por fim, com a bênção de Perenelle, Nicolas foi à Espanha na esperança de encontrar um alquimista que pudesse lhe ensinar o que precisava saber.

Lá ele encontrou um velho alquimista judeu chamado Canches, que reconheceu os símbolos e concordou em explicá-los. Eles partiram a caminho de Paris, mas, durante a viagem, Canches adoeceu e morreu. Contudo, ele havia ensinado o suficiente a Flamel, e, passados três anos, Nicolas e Perenelle fizeram a misteriosa "primeira matéria", e logo se seguiram outras etapas. Segundo a lenda, em 17 de janeiro de 1382, eles foram bem-sucedidos na criação da "pedra branca" e transformaram cerca de 250 gramas de metal básico em prata pura. Em 25 de abril do mesmo ano, por volta das cinco da tarde, eles criaram a "pedra vermelha" e transformaram outros 250 gramas de metal básico em ouro puro.

Os historiadores concordam que Nicolas e Perenelle Flamel existiram e se tornaram muito ricos em seus anos finais. A fonte de sua riqueza foi objeto de muita especulação — mas o livro dos diagramas, que foi publicado junto aos relatos de Flamel, permanece um recurso essencial para os alquimistas contemporâneos.

VER TAMBÉM: "Enigma Fulcanelli" (1926).

Gravura do *Pergaminho de Ripley*, um manuscrito alquímico originalmente publicado no século XVI, na Inglaterra. As gravuras usam criptogramas pictóricos para mostrar os processos de criação da pedra filosofal. Nicolas e Perenelle Flamel estavam entre os alquimistas que alegavam ter realizado essa cobiçada façanha.

PODER EM PALAVRAS

SÉCULO XV

"Pronunciar uma palavra é evocar um pensamento e torná-lo presente; a potência magnética da linguagem humana é o começo de todas as manifestações no Mundo Oculto."

— *Madame Blavatsky*

Recriação de 2015 do baralho de tarô de Marziano, por Robert M. Place, que mostra as antigas divindades Diana, Baco, Mercúrio e Ceres.

ORIGEM DO TARÔ

1418

O**S JOGOS DE CARTAS VIAJARAM DO** mundo muçulmano à Europa no século XIV, mas os primeiros baralhos conhecidos no mundo ocidental já se pareciam com as cartas modernas, com quatro naipes numerados. Foi nos primeiros anos do século XV que alguém teve a ideia de acrescentar um conjunto de cartas simbólicas ao baralho e criar o primeiro tarô. Seu nome era Marziano da Tortona, secretário pessoal de Filippo Maria Visconti, duque de Milão, e um ensaio sobre as novas cartas que ele escreveu para o duque em 1418 existe até hoje.

As cartas adicionais do novo baralho de Marziano eram as mesmas que as da sequência padrão do tarô. Havia antigas divindades gregas — eram dezesseis — que representavam vícios e virtudes. Sua criação, no entanto, inspirou outros a fazerem novos baralhos, com símbolos por eles escolhidos. Como a sequência de símbolos lembrava muito os carros alegóricos dos desfiles que eram comuns na Itália da Renascença, o nome desses desfiles — *Trionfi*, ou "triunfos", por causa das procissões triunfais da Roma Antiga — passou a ser usado para aquelas cartas. Os leitores de tarô até hoje as chamam de "trunfos".

Em torno de 1450, os jogadores de cartas em Milão haviam estabelecido os 22 trunfos hoje utilizados, e as cartas pintadas por volta daquela época são precursoras reconhecíveis do baralho de tarô moderno. Outras cidades italianas desenvolveram conjuntos semelhantes de cartas, mas foi o baralho milanês que acabou sendo levado por mercadores a Marselha, na França, local que se tornaria o mais importante centro de fabricação de cartas de tarô. No início dos anos 1800, o tarô havia se tornado um jogo de cartas comum na França, na Suíça e no norte da Itália, tão comum como o pôquer é hoje nos Estados Unidos. Somente em poucos lugares era usado para ler a sorte, porém, e caberia a uma dupla de ocultistas franceses a tarefa de transformá-lo no mais importante sistema divinatório do ocultismo moderno.

VER TAMBÉM: "O tarô no Egito" (1781), "Divinação pelo tarô" (1783), "Tarô Rider-Waite" (1910).

Duas bruxas, como representadas em *Le champion des dames* [O defensor das mulheres], do poeta francês do século xv Martin Le Franc.

JULGAMENTOS POR BRUXARIA EM VALAIS

1428

Os RUMORES ESTAVAM SE ESPAlhando havia meses, talvez anos, em Valais, na parte sul da Suíça. Havia bruxas por toda parte, diziam: elas voavam pelos ares, ficavam invisíveis por meio de ervas sinistras, transformavam-se em lobos para atacar o gado, rogavam pragas aos bons cristãos, tinham relações com o Diabo. No dia 7 de agosto de 1428, camponeses dos sete distritos de Valais procuraram as autoridades e pediram que alguma providência fosse tomada.

As autoridades políticas e religiosas locais estavam mais do que dispostas a agir e, imediatamente, começaram a recolher suspeitos. Qualquer pessoa acusada de feitiçaria por pelo menos três testemunhas era presa. Quem confessava era queimado na fogueira; quem se recusava a confessar era torturado até dizer o que seus acusadores queriam ouvir, e então era queimado. O escrivão da corte, Johannes Fründ, que redigiu o mais detalhado registro dos julgamentos das bruxas de Valais, observou com espanto que alguns dos acusados insistiam em sua inocência, até morrerem sob tortura; assim como todas as autoridades envolvidas nos julgamentos, ele presumia que qualquer pessoa acusada de feitiçaria devesse ser culpada.

Não foi mantido um registro do número de bruxas acusadas que foram queimadas ou torturadas até a morte em Valais depois de 1428, mas os historiadores documentaram bem mais de trezentas vítimas. De Valais, a caça às feiticeiras se espalhou por quase toda a Suíça, e dali para a França e a Alemanha. Mais significativo ainda foi o Concílio da Basileia, a assembleia eclesiástica ocorrida entre 1431 e 1437 na mencionada cidade suíça, que lançou a sanção oficial da Igreja Católica por trás do pânico da feitiçaria. Como resultado direto disso, nos anos que se seguiram cerca de meio milhão de pessoas sofreriam mortes horríveis. O Tempo das Fogueiras havia chegado.

VER TAMBÉM: "As ideias do *Canon Episcopi*" (século IX), "O martelo das feiticeiras" (1486), "Promulgação da Lei de Feitiçaria" (1736).

Retrato de Marsilio Ficino, pelo ilustrador francês Esmé de Boulonois, de 1682, a partir da gravura do holandês Philip Galle.

HERMETISMO ORIGINAL

1464

Na segunda metade do século XV, a cidade-Estado de Florença tinha a mais intensa vida intelectual da Europa. Seu governante, Cosimo de' Medici, estabeleceu uma Academia Florentina para rivalizar com as academias da Grécia Antiga e escolheu a pessoa certa para dirigi-la — o brilhante jovem erudito Marsilio Ficino (1433-1499). Para o primeiro projeto da academia, Ficino escolheu uma tradução completa para o latim dos diálogos de Platão. Então, em 1463, Cosimo recebeu uma carta de um de seus agentes na Grécia.

Dez anos antes, Constantinopla havia sido conquistada pelos turcos, e muitos tesouros culturais e literários foram jogados no mercado. O agente de Cosimo havia encontrado uma dessas obras, uma cópia do *Corpus Hermeticum*. Em 1463, ninguém conhecia a antiga prática de atribuir a autoria de textos a sábios míticos, então, até onde sabiam o agente de Cosimo ou qualquer outra pessoa, a coletânea havia sido escrita pelo próprio sábio egípcio Hermes Trismegisto. Cosimo respondeu de imediato, autorizando a compra, e disse a Ficino que Platão teria de esperar — algo mais importante estava a caminho.

Assim que o precioso original chegou, Ficino precisou apenas de alguns poucos meses para traduzi-lo para o latim. Cópias da tradução circularam amplamente, primeiro na forma manuscrita, depois impressa. Por toda a Europa, pessoas que se interessavam pelo oculto ganharam, de repente, acesso à elevada visão espiritual do hermetismo — uma visão que concedia ao ocultismo um lugar de honra. Durante um século e meio, até que a verdadeira data do *Corpus Hermeticum* fosse descoberta, a crença em suas raízes egípcias deu ao hermetismo um prestígio que não teria tido de outra forma, transformando-o em uma imensa força cultural na Europa da Renascença.

VER TAMBÉM: "Tratados Místicos" (século III).

MALLEVS
MALEFICARVM,
IN TRES DIVISVS
PARTES,

In quibus { Concurrentia ad maleficia, Maleficiorum effectus, Remedia aduersus maleficia,

Et modus procedendi, ac puniendi maleficos abundè continetur, præcipuè autem omnibus Inquisitoribus, & diuini uerbi concionatoribus utilis, ac necessarius.

Auctore R. P. F. IACOBO SPRENGER Ordinis Prædicatorum, olim Inquisitore clariss.

Hac postrema editione per F. Raffaelem Masseum Venetum. D. Iacobi a Iudeca instituti Seruorum, summo studio illustratus, & à multis erroribus uindicatus.

His adiecimus indices rerum memorabilium, & quæstionum.

VIRTVTI SIC CEDIT, INVIDIA

VENETIIS,
Ad Candentis Salamandræ insigne.
M D LXXVI.

Uma página do *Malleus Maleficarum* (Martelo das Feiticeiras), que explica em detalhes as três partes do guia de caça às bruxas, incluindo a natureza e os poderes delas, e como persegui-las.

O MARTELO DAS FEITICEIRAS

1486

Heinrich Kramer (*c.* 1430-1505) e Jakob Sprenger (*c.* 1435-1495) eram frades dominicanos e, assim como muitos da mesma ordem nos séculos XV e XVI, participaram ativamente da Inquisição. Seu trabalho principal era capturar e queimar bruxas, e no início dos anos 1480 decidiram fazer um manual para auxiliar seus colegas menos experientes.

A identificação da magia combinada à heresia, que fez de Cecco d'Ascoli sua primeira vítima, havia se tornado prática generalizada quando Kramer e Sprenger começaram a escrever. Para os dois inquisidores, e para muitas outras autoridades eclesiásticas, a feitiçaria era a heresia máxima, uma assustadora ameaça à sociedade cristã, algo que precisava ser esmagado com extremo rigor.

Do primeiro grande surto de caça às bruxas no Valais, os inquisidores reuniram o que consideraram ser um relato acurado de feitiçaria. Quando alguém era acusado de bruxaria, a prática padrão da Inquisição na Alemanha e em outras partes da Europa era direta: lia-se uma lista de perguntas para a pessoa acusada — Quando você vendeu sua alma ao Diabo? Com que frequência você frequenta o sabá das feiticeiras? Quem mais você viu lá? —, e ela era torturada até dar as respostas que os inquisidores queriam.

Esse processo foi consagrado nas páginas do livro de Kramer e Sprenger, o *Martelo das Feiticeiras* (do original *Malleus Maleficarum*), que se tornou o mais amplamente usado manual de caça às bruxas nos primórdios da Europa moderna. Guiados por este ou por dúzias de outros manuais que adotavam a mesma lógica letal, caçadores de bruxas por toda a Europa torturaram e mataram dezenas de milhares de pessoas. Antes que o Tempo das Fogueiras chegasse ao fim, a caça às bruxas afetou todos os países europeus e atravessou o Atlântico até as colônias americanas, onde os julgamentos de Salem, ocorridos entre 1692 e 1693, foram apenas a mais conhecida de uma série de perseguições conduzidas para combater uma ameaça que nunca existiu.

VER TAMBÉM: "Queimado por heresia" (1327), "Julgamentos por bruxaria de Valais" (1428).

EPISTOLÆ
OBSCURORUM
VIRORUM
AD
Dn. M. Ortuinum
Gratium.
Nova & accurata Editio.
Cui quæ accessere, sequens Conten-
torum indicat tabella.

FRANCOFURTI
Ad Mænum.
Anno M DC XLIII.

Frontispício de *Epistolae Obscurorum Virorum*, publicado em 1515 pelos amigos de Reuchlin para ridicularizar seus inimigos.

DE VERBO MIRIFICO

1494

No início, a cabala era uma tradição integralmente judaica, e foi somente no fim do século XV que começou a surgir uma tradição cristã. Johannes Reuchlin (1455-1522), quem colocou esse processo em movimento, foi um dos grandes intelectuais da Renascença alemã. Era fluente em latim, grego e hebraico, e estudou a cabala com diversos professores judeus. Convencido de que esse sistema era apropriado aos místicos cristãos assim como o era para seus homólogos judeus, ele escreveu um tratado, *De Verbo Mirifico* [Da palavra milagrosa], a fim de provar a divindade de Jesus a partir de métodos cabalísticos. Sua publicação, em 1494, inspirou muitos cristãos a estudarem a cabala.

A reação não demorou a acontecer. Em 1509, um grupo de inquisidores católicos pediu ao imperador Maximiliano que ordenasse a queima de todos os livros judaicos, à exceção do Antigo Testamento. Maximiliano consultou Reuchlin e, a conselho deste, rejeitou a petição. Os inquisidores retaliaram, acusando o intelectual de heresia. Os amigos dele se reuniram para apoiá-lo, e, depois de sete anos de uma amarga disputa, Reuchlin saiu vencedor. O papa ordenou que todos os processos contra Reuchlin fossem descartados, e seus amigos divulgaram uma das sátiras mais influentes da história, *Epistolae Obscurorum Virorum* [Cartas de Homens Obscuros], que ridicularizou sem piedade os inimigos de Reuchlin e os tornou alvo de chacota por toda a Europa.

Enquanto a polêmica campeava, Reuchlin escreveu o primeiro tratado abrangente acerca da cabala cristã, *De Arte Cabalistica* [Da Arte Cabalística], que foi publicado em 1517. O prestígio de Reuchlin como intelectual e as estocadas maldosamente engraçadas que os autores das "cartas de homens obscuros" dirigiram a seus oponentes ajudaram a afastar os ataques a cabalistas cristãos por quase um século.

VER TAMBÉM: "Origens da cabala" (*c.* 1230), "Abulafia no rastro do Papa" (1279), "De volta à Terra Santa" (1570).

UM SÉCULO
DE PROFECIAS

SÉCULO XVI

"Escute mais sua intuição
do que sua razão."
— Alejandro Jodorowsky

PARACELSO EM BASILEIA

1526

Filho do médico de um remoto vilarejo suíço, Philippus Aureolus Theophrastus Bombastus von Hohenheim (1493-1541) — conhecido como Paracelso — estudou alquimia e mineralogia na escola de Villach, depois buscou uma graduação em medicina em Viena e Ferrara, antes de se engajar em uma série de serviços como cirurgião militar em diversos exércitos europeus. Suas peregrinações o levaram por toda a Europa e além, para a Ásia Central e para o Egito, e, aonde quer que fosse, ele aprendia tudo o que podia dos curandeiros locais e magos do povo.

Sua grande perícia em curar lhe garantiu uma indicação para professor de medicina na Basileia em 1526, mas ele não manteve o emprego por muito tempo. Ele bebia demais, animava suas aulas queimando em público as obras das autoridades médicas e entrava em infindáveis disputas com seus colegas professores, com os funcionários da universidade e com o governo local. Em 1528, teve de fugir da cidade à noite e retomar sua vida de peregrinação.

Nos anos que se seguiram ao fiasco da Basileia, Paracelso escreveu extensos livros sobre medicina, alquimia e magia, expondo um complexo sistema de filosofia ocultista. Ele argumentava que a alquimia deveria se concentrar na criação de remédios, em vez de na transformação de metais em ouro e prata, e foi o primeiro ocultista a classificar os espíritos em quatro categorias de elementos: silfos do ar, salamandras do fogo, ondinas da água e gnomos da terra.

Ele bebeu até morrer, em 1541, mas seus livros sobreviveram. Nos dois séculos seguintes, até o eclipse do ocultismo pela revolução científica, suas ideias e ensinamentos foram adotados por ocultistas em toda a Europa, e o reflorescimento da alquimia no século XX bebeu extensivamente de seus escritos.

VER TAMBÉM: "Alquimia na modernidade" (1960).

Ondina, de John William Waterhouse (1849-1917), obra apresentada em 1872 na Sociedade de Artistas Britânicos. Paracelso dividiu os espíritos em quatro categorias de elementos, incluindo as ondinas da água, que depois inspiraram as ninfas dos artistas e poetas.

103

Gravura, do século XVI, de Heinrich Cornelius Agrippa, autor de *Três Livros de Filosofia Oculta*.

TRÊS LIVROS DE FILOSOFIA OCULTA

1533

Havia uma profusão de intelectuais independentes vagando pela Europa durante a Renascença, e Heinrich Cornelius Agrippa (1486-1535) era, aparentemente, apenas mais um deles. Nascido em uma nobre mas empobrecida família alemã, ele se formou na Universidade de Colônia e depois prestou o serviço militar por alguns anos antes de iniciar as viagens que o levaram a percorrer a Europa de uma ponta a outra. Aonde quer que ele fosse, amigos e defensores estavam à sua espera, e o interesse deles, assim como o de Agrippa, estava voltado para a arte proibida da magia cerimonial.

Em 1509 e 1510, ele se estabeleceu por algum tempo em Sponheim, na casa do famoso ocultista Johannes Trithemius (1462-1516), e foi lá que escreveu o primeiro esboço de *Três Livros de Filosofia Oculta*. Assim que terminou, seus amigos começaram a circular cópias manuscritas. Enquanto isso, Agrippa retomou suas peregrinações, reunindo-se com influentes ocultistas por toda parte. Sua rede de conexões era tão vasta que os historiadores chegaram a se perguntar se ele poderia ter sido o emissário de uma sociedade secreta de magos renascentistas cujos membros se espalhavam por toda a Europa.

Em 1528, permaneceu na Antuérpia durante um tempo e lá revisou seu espesso manuscrito para publicação. Os desafios da empreitada eram consideráveis, e não ajudou o fato de um inquisidor, Conrad Köllin, da cidade de Ulm, ter declarado o livro herético quase na mesma ocasião em que a composição tipográfica teve início. Apesar dos problemas, os *Três Livros de Filosofia Oculta* vieram à luz em 1533. Outras edições se seguiram, assim como traduções para a maior parte das línguas europeias. Por mais de três séculos, era difícil encontrar algum interessado em ocultismo na Europa que não tivesse estudado a monumental obra de Agrippa.

VER TAMBÉM: "Tratado de alquimia" (1801).

O Grande Incêndio de Londres, com Ludgate e a Antiga Catedral de São Paulo, artista anônimo, *c.* 1670, parte do acervo do Centro Yale de Arte Britânica. Muitos acreditam que Nostradamus previu corretamente o Grande Incêndio de Londres, ocorrido em 1666.

AS PROFECIAS DE NOSTRADAMUS

1555

Nascido em uma família de judeus convertidos ao cristianismo, Michel de Nostredame (1503-1566) — Nostradamus era uma latinização de seu sobrenome — estudou em várias universidades antes de se formar em medicina em Montpellier. Ele se estabeleceu na cidade francesa de Agen e se casou com uma garota local, mas a peste atingiu a cidade e ela morreu. Ele então retomou suas andanças.

Em 1547 voltou a se fixar, dessa vez na pequena cidade de Salon-de-Craux, na Provença, onde conheceu e se casou com uma viúva rica, Anne Ponsart Gemelle. Esse casamento não teve um destino tão desafortunado quanto o primeiro, e eles tiveram seis filhos. Ainda que sua prática médica e o dinheiro de sua esposa garantissem uma renda mais que suficiente, Nostradamus era um homem ambicioso e decidiu transformar seu talento para prever o futuro em uma fonte de recursos.

A partir de 1551, ele começou a fazer um almanaque anual com previsões astrológicas para o ano seguinte. Em 1555, publicou a primeira edição de sua obra-prima, *As Profecias de Nostradamus*, (do original *Les prophéties de M. Michel Nostradamus*). Era composta de 350 quadras com quatro linhas de versos cada uma, que revelavam os segredos do futuro. Mais edições se seguiram à primeira, e mil quadras surgiram dois anos depois de sua morte.

As quadras eram extraordinariamente obscuras, escritas em um estilo confuso e cheias de palavras emprestadas de outras línguas. Algumas delas pareciam prever eventos que ocorreram séculos depois da época em que viveu Nostradamus; algumas eram tão obscuras que ninguém foi capaz de decifrar seu significado; já outras não deram em nada — por exemplo, o Grande Rei do Terror, que deveria ter surgido em 1999, mas nunca deu as caras. Ainda assim, as previsões de Nostradamus se tornaram o mais famoso conjunto de profecias ocultistas do mundo ocidental.

VER TAMBÉM: "Merlin e a batalha de Arderydd" (573).

John Dee executa um experimento diante da rainha Elizabeth I, pintura a óleo de Henry Gillard Glindoni (1852-1913).

COROAÇÃO COM AJUDA DOS ASTROS

1559

A morte da rainha Mary I da Inglaterra, a governante católica de uma nação majoritariamente protestante, provocou suspiros de alívio na maioria de seus súditos, mas poucos tiveram um sentimento tão sincero quanto John Dee. Filho de um funcionário de baixo escalão na corte de Henrique VIII, Dee (1527-1608) obteve sua educação em Cambridge e Louvain. Era perito em astrologia e especialista em navegação e geografia. A partir de 1551, trabalhou como consultor para a então próspera marinha mercante britânica, mas acabou preso em 1555, acusado de conjurar feitiços a favor da meia-irmã de Mary, princesa Elizabeth. Ainda que todas as acusações tenham sido descontinuadas, Dee precisou ser cuidadoso enquanto Mary ainda era viva.

A sua morte, em 1558, mudou tudo. Logo chegou um mensageiro, da parte de Elizabeth, para lhe pedir um favor muito especial: poderia ele usar suas habilidades astrológicas para calcular o momento mais propício para sua coroação? Seria um grande evento.

A arte de escolher momentos auspiciosos para eventos importantes era uma ferramenta valiosa para um astrólogo, então Dee respondeu ao pedido com entusiasmo. A coroação ocorreu em 15 de janeiro de 1559, e astrólogos afirmam que o extraordinário sucesso do reinado de Elizabeth oferece provas da eficácia dos cálculos de Dee. Pelos 25 anos seguintes, Dee foi um dos principais intelectuais da Inglaterra elizabetana, escreveu obras relevantes sobre navegação e geometria, e foi uma figura importante no reservado meio ocultista do período, além de autor de enigmáticos textos de magia, como *A Mônada Hieroglífica*, que mesclavam alquimia e misticismo.

O amparo de Elizabeth, no entanto, nunca foi pródigo, o que levou Dee e seu assistente ocultista Edward Kelly a irem para a Europa em busca de um patrocínio da realeza. John Dee voltou à Inglaterra para uma velhice turbulenta. Sua casa em Mortlake havia sido saqueada, Elizabeth estava velha e sua corte tinha memória curta. Ele viveu na miséria até sua morte, em 1608.

VER TAMBÉM: "Palavras mágicas ao papa" (1628), "Absolvida por prever o futuro" (1914).

ספר
מעין החכמה
מכתבי הרב האלהי בולינא קדישא מוה' יצחק לוריא זלה"ה
והוא ספר יקר הערך ולא היה בנמצא אפי' בכתב כ"א מעט מוזער
בעולם ורבים וכן שלימים התאוו תאוה במאוד בלמא לשתות בלמא דברי
אלהים חיים הנאמרים באמת דלו וגם רבו רלו שיחוקו מילין ללד עילאה
להעלותן על מכבש הדפוס וגזרו אומר בהסכמתם כפי אשר יודפס
כל ההסכמות על ספר התמונה:

נדפס פה ק"ק קארעץ

תחת ממשלת אדונינו המיוחס הגדול החסיד הדוכס יוזיף
טשארטוריסקי סטאלניק ליטעווסקי סטארסטאטי למלכי יר"ה

Gedruckt in KORZEC in Volhyni-
en in der Koeniglichen und der Re-
publique privilegirten Druckerey,
Jüdischer Bücher,
von
JOHAN ANTHON KRÜGER,
in WARSHCAU.

אין דער פריווילעגירטי דרוקרייא פון דען הערן יאהן
אנטאן קריגר אין ווארשוי
בשנת גן נעול מעין חתום

A *May'an ha-Hokmah*, ou *Fonte da Sabedoria*, conforme mostrada aqui, era uma introdução do século XVII à cabala, atribuída a R. Asher Jacob Abraham ben Aryeh Leib Kalmankes (morto em 1681), amplamente retirada das obras de Isaac Luria.

DE VOLTA À TERRA SANTA

1570

Nascido em Jerusalém, em uma família judaica de origem alemã, Isaac Luria (1534-1572) foi uma criança prodígio que, já aos oito anos, conquistara respeito por seus estudos do Talmude. Quando criança, ficou órfão e foi viver com parentes no Egito, onde estudou com alguns dos principais rabinos da época. Naquele tempo, a maioria dos professores da cabala não aceitava alunos com menos de quarenta anos, mas o conhecimento de Luria aos dezessete era digno de nota. Seus quinze anos seguintes foram devotados à cabala, culminando em dois anos de meditação intensiva em uma cabana às margens do Nilo.

Ao término desses dois anos, em 1570, uma visão ordenou que ele voltasse à Terra Santa. Naquela época, a cidade de Safed era o mais influente centro de estudos cabalísticos, e para lá rumou Luria. Suas conferências rapidamente atraíram discípulos, alguns dos quais já eram cabalistas famosos. Ele lhes expôs uma extraordinária doutrina, que reordenava a tradição cabalista em uma grande história de queda e redenção.

Um dos grandes desafios enfrentados por judeus devotos, assim como por fiéis de outras religiões, é a questão do mal: se Deus é benevolente e todo-poderoso, por que há tanto sofrimento no mundo? A resposta de Luria era que as forças que causam o sofrimento e o mal no mundo são remanescentes do universo anterior ao nosso — um cosmos primitivo de forças desequilibradas —, e a missão dos seres humanos, e dos judeus em particular, é redimir as forças do mal por meio da observância religiosa e das disciplinas cabalistas.

Luria morreu de uma breve doença apenas dois anos depois de sua chegada em Safed, mas seus ensinamentos se tornaram a base sobre a qual se ergueram muitos cabalistas depois. À medida que a cabala era adotada por ocultistas de toda a Europa, as ideias de Luria se tornaram uma poderosa influência em toda a tradição do ocultismo.

VER TAMBÉM: "Origens da cabala" (*c.* 1230), "Abulafia no rastro do Papa" (1279), "*De Verbo Mirifico*" (1494).

O sabá das bruxas, de Hans Baldung, 1510. Os *benandanti* alegavam proteger suas colheitas viajando fora de seus corpos para lutar contra feiticeiros malévolos.

OS BONS CAMINHANTES

1575

Os inquisidores do Friul, região situada no nordeste da Itália, ficaram totalmente perplexos. Ao ouvirem relatos sobre um culto herético na zona rural dali, eles detiveram alguns camponeses para interrogá-los, mas as respostas obtidas não se pareciam com qualquer heresia que já houvessem encontrado antes. Não era a feitiçaria discutida no *Malleus Maleficarum*, nem o velho catarismo, nem a nova heresia luterana que andava causando problemas na Alemanha. Então o que poderia ser?

A Inquisição friulana havia topado com os *benandanti*, um estranho culto agrário de origem desconhecida. Os *benandanti* — cujo nome significa "bons caminhantes" — nasciam todos com um pedaço da membrana amniótica na cabeça. De acordo com suas crenças, em alguns dias do ano, eles deixavam seus corpos e viajavam sob uma forma animal até um vale no centro do mundo, onde lutavam contra feiticeiros sinistros, conhecidos como *malandanti*, "caminhantes maus". Se os *benandanti* vencessem, a colheita seria boa; se seus oponentes triunfassem, o mau tempo destruiria as plantações. Os *benandanti* também podiam curar doenças e aqueles que houvessem sido enfeitiçados.

As leis que regiam a Inquisição na Itália, diferentemente de quase todo o restante da Europa, não permitiam a tortura. Por isso, enquanto um inquisidor francês ou alemão torturava os prisioneiros até que confessassem a feitiçaria ou a heresia, os inquisidores friulanos eram obrigados a levar a sério o depoimento de seus prisioneiros. Ainda que tenham detido mais de uma centena de *benandanti* para interrogatório entre 1575 e 1644, poucos deles foram condenados à morte; a maior parte foi mandada para casa com a ordem de não seguir acreditando em tais superstições no futuro. Desta forma, os registros da Inquisição friulana contêm um dos poucos relatos detalhados de uma tradição relacionada àquela que foi discutida no *Canon Episcopi* mais de seiscentos anos antes.

VER TAMBÉM: "As ideias do *Canon Episcopi*" (século IX), "O martelo das feiticeiras" (1486).

113

Fausto e Margarida, pintura do brasileiro Pedro Américo (1843-1905), datada do século XIX. Na obra de Johann Wolfgang von Goethe, Fausto usa a influência do demônio para seduzir Gretchen (que, na versão em português, chamava-se Margarida).

A LENDA DE FAUSTO

1587

A IMPRENSA ERA A INTERNET DOS primórdios da Europa moderna, uma novíssima tecnologia de comunicação que tornou a informação disponível com uma rapidez nunca antes vista, e os panfletos e livros que brotavam das primeiras prensas europeias eram tão diversos em qualidade como são hoje os blogs e as redes sociais. A maior parte daquela produção desapareceu sem deixar rastro, mas algumas tiveram impacto duradouro; uma delas era *Geschichte der Doktor Johannes Fausten* [História do dr. Johannes Fausten], de Johann Spies.

Spies (*c.* 1540-*c.* 1623) reuniu uma seleção de lendas sobre pessoas que teriam vendido suas almas ao Diabo e as adaptou para Johann Georg Faust (*c.* 1480-*c.* 1540), um ocultista alemão de menor importância que morreu meio século antes de o livro ser impresso. A obra foi um sucesso de vendas na Europa, sendo traduzida para várias línguas. Dois anos depois da publicação do livro de Spies, o grande dramaturgo inglês Christopher Marlowe escreveu uma peça baseada nele, *A História Trágica do Doutor Fausto*. Nos anos seguintes, a história de Fausto inspirou desde peças de marionetes até uma ópera de Charles Gounod, além de ter originado uma das grandes obras da literatura alemã, o *Fausto* de Johann Wolfgang von Goethe.

Ironicamente, a popularidade da lenda de Fausto — segundo a qual o personagem vende sua alma ao Diabo em troca de poder e riqueza, e é arrastado para o inferno depois de um determinado número de anos — inspirou toda uma literatura de manuais de magia com instruções aos aspirantes a feiticeiros sobre a melhor maneira de conjurar demônios que fizessem aparecer dinheiro vivo. Mas, assim como ocorreu com muitos outros sistemas de "magia da prosperidade", as únicas pessoas que conseguiram obter fortunas por meio desses livros foram seus autores e editores. Nesse processo, no entanto, a literatura de Fausto foi bem-sucedida em dar vida nova à vulgar afirmação de que os ocultistas veneram o Diabo cristão.

VER TAMBÉM: "Clube do Fogo do Inferno" (1746).

115

GIORDANO BRUNO NA FOGUEIRA

1600

Não havia qualquer chance de escapar dessa vez. O frade renegado, preso por correntes, foi arrastado até o Campo de' Fiori, fora dos portões de Roma, onde fora instalada uma estaca rodeada de pilhas de lenha. Os soldados do papa o amarraram à estaca; depois de algumas poucas formalidades, um deles jogou uma tocha acesa na pira, e os gritos do homem condenado se misturaram ao rugido das chamas e aos apupos da multidão.

Assim morreu Giordano Bruno (1548-1600), uma das figuras mais pitorescas do ocultismo na Renascença. Ele se tornou um frade dominicano aos quinze anos e se mostrou promissor nos estudos. Mas, quando foi pego lendo livros sobre magia, teve de fugir da Itália, perseguido sem trégua pela Inquisição.

Nos dezessete anos que se seguiram, ele correu a Europa, escrevendo e dando aulas. Aprendera com os dominicanos a Arte da Memória, um sistema de treinamento mnemônico que vinha da Grécia Antiga, e muitos de seus livros expunham formas desse sistema, combinadas ao imaginário mágico e à filosofia hermética. Em suas peregrinações, nutria a esperança de encontrar um aristocrata que o patrocinasse. Quando um nobre veneziano chamado Zuan Mocenigo o contatou, em 1591, Bruno acreditou ter tirado a sorte grande e cometeu o erro fatal de voltar à Itália. Mocenigo o traiu, entregando-o à Inquisição, e, depois de oito anos em uma masmorra em Roma, ele foi queimado na fogueira como herege.

Por ironia, logo após a certeza de sua morte, Bruno foi redefinido como um mártir da ciência. Por séculos, os historiadores ignoraram discretamente a imensa quantidade de ocultismo em seus escritos e insistiram em que ele havia queimado na fogueira por sua crença de que a Terra gira em torno do Sol e de que há um número infinito de mundos habitáveis no espaço. Foi somente em meados do século XX, quando os preconceitos acadêmicos contra o ocultismo começaram a desaparecer, que o escopo e a profundidade de seu envolvimento com o oculto ficaram evidentes.

VER TAMBÉM: "Queimado por heresia" (1327).

FERRAMENTAS MÁGICAS

SÉCULO XVII

"Se as portas da percepção fossem limpas, tudo nos apareceria como realmente é: infinito."
— William Blake

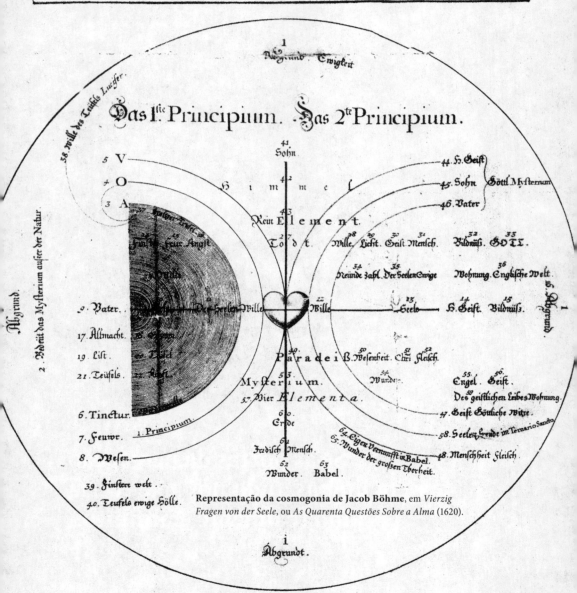

Representação da cosmogonia de Jacob Böhme, em *Vierzig Fragen von der Seele*, ou *As Quarenta Questões Sobre a Alma* (1620).

AS VISÕES DE UM SAPATEIRO

1610

Jacob Böhme (1575-1624) era um sapateiro na modesta cidade alemã de Görlitz, um luterano devoto casado com a filha do açougueiro local: dificilmente o tipo de homem para o qual visões místicas surgissem com naturalidade. À medida que se aproximava da meia-idade, no entanto, ele começou a estudar as obras de Paracelso e outros alquimistas. Por volta de 1610, seus estudos tiveram por resultado uma extraordinária visão, na qual ele percebeu as "assinaturas" secretas em todas as coisas. A tentativa de expressar sua visão em palavras deu origem a seu primeiro livro, *A Aurora Nascente* (do original *Aurora, oder die Morgenröte im Aufgang*), que circulou em forma manuscrita e garantiu a Böhme um círculo de amigos inclinados ao misticismo.

O pastor luterano local denunciou o livro como sendo herético e proibiu Böhme de escrever qualquer outra coisa. Böhme tentou obedecer à ordem, mas a pressão exercida por suas visões era muito grande, e ele passou a escrever em segredo, produzindo ensaios sobre cristandade mística e alquímica. Cópias circularam secretamente entre os amigos de Böhme, que providenciaram para que o sapateiro tivesse acesso às mais recentes obras sobre alquimia. Por fim, seus escritos atraíram tanto o interesse de intelectuais politicamente influentes que a proibição da Igreja Luterana acabou suspensa, e vários de seus livros foram publicados.

Depois da morte de Böhme, em 1624, o restante de sua obra logo foi impressa, conquistando imensa influência na ascensão do ocultismo cristão. Quase todos os expoentes significativos dessa tradição beberam extensamente das ideias de Böhme, e uma das principais tradições iniciáticas do ocultismo moderno — a tradição martinista — deve grande parte de seus ensinamentos ao sapateiro, já que este influenciou Louis-Claude de Saint-Martin e seus seguidores.

VER TAMBÉM: "Paracelso em Basileia" (1526), "A Ordem Martinista" (1884).

Johannes Bureus retratado em uma pintura de 1627, assinada por "J.L.", castelo Gripsholm, Suécia.

AS RUNAS DE BUREUS

1611

POR TODA A ZONA RURAL SUECA, menires marcados com velhas letras angulares são o testemunho de um passado pré-cristão. Durante séculos, poucas pessoas prestaram atenção neles, mas no fim do século XVI, na Suécia e em outros lugares, as pessoas pararam de tratar a Bíblia como um relato acurado da história. Também nessa época, um jovem chamado Johannes Bureus (1568-1652) começou a perambular pela Suécia e a copiar as inscrições rúnicas que encontrava.

No início, era um passatempo intelectual, mas alguns amigos no governo sueco logo providenciaram para que ele recebesse um salário. Por volta de 1600, Bureus já conseguia ler as inscrições. Ele ficou convencido, à medida que estudava as runas, de que havia um segredo mais profundo enterrado naqueles registros e, como muitos intelectuais de seu tempo, voltou-se para o ocultismo em busca de ajuda para desenterrar esse segredo.

Depois de um rigoroso estudo da cabala e do misterioso livro de John Dee, *Monas hieroglyphica*, Bureus estava convicto de que havia descoberto o mistério escondido nas runas: a Adulruna, um modelo do qual derivava o alfabeto rúnico, que juntava simbolismo e geometria pitagórica, e ainda fornecia uma chave para as profecias da Bíblia. Em 1611, ele escreveu um primeiro rascunho de suas descobertas, chamado *Adulruna Rediviva*, e deu uma cópia de presente a Gustavo Adolfo, recém-coroado rei da Suécia. Mais de trinta anos depois, em 1643, a edição final de Bureus foi entregue à rainha Cristina, filha do rei, mas nenhum dos monarcas entendeu patavina.

Depois da morte de Bureus, em 1652, jovens estudantes assumiram seu trabalho, concentrando-se no lado histórico e linguístico, e ignorando sua dimensão do oculto. Na época, começava a aurora da Era da Razão, e o ocultismo enfrentaria mais dois séculos de banimento.

VER TAMBÉM: "Criação das runas" (*c.* século I EC), "Raízes ocultas do nazismo" (1902), "O Livro de Runas" (1983).

O ícone da rosa e da cruz aparece no frontispício de *Summum Bonum* (1629), uma defesa do rosacrucianismo pelo cosmologista britânico Robert Fludd, escrita sob o pseudônimo de Joachim Frizius.

O PRIMEIRO MANIFESTO ROSA-CRUZ

1614

No início do século XVII, o impressor Wilhelm Wessel, da cidade alemã de Kassel, surgiu com um panfleto intitulado *Fama Fraternitatis* [Chamado da Fraternidade]. De acordo com o documento, uma sociedade secreta chamada Ordem Rosa-Cruz havia sido fundada pelo sábio Christian Rosenkreutz. Depois de sua morte, em 1484, ele e os segredos ocultos da fraternidade permaneceram escondidos em um cofre secreto, que foi encontrado em 1604, quando a sociedade secreta buscava novos membros.

A publicação de *Fama* provocou um furor extraordinário. Por toda a Europa, as pessoas tentavam encontrar a fraternidade — algumas para se unir a ela, outras para queimar seus membros na fogueira. Um outro manifesto, *Confessio Fraternitatis* (Profissão de fé da Fraternidade), seguiu-se em 1615, e em 1616 foram publicadas *As Núpcias Alquímicas de Christian Rosenkreutz*, uma estranha fábula alquímica supostamente escrita pelo fundador da fraternidade. Dezenas de outros livros, panfletos e cartazes surgiram, elogiando a fraternidade, condenando-a, questionando sua existência ou alegando oferecer sua sabedoria sagrada. Como diríamos hoje em dia, a fraternidade "viralizou".

Mas quem escreveu esses manifestos? As provas apontam para um círculo de intelectuais da Universidade de Tübingen, na Alemanha, e há motivos para acreditar que eles escreveram *Fama Fraternitatis* como um boato proposital, uma piada erudita, algo muito popular na Europa da época. Quaisquer que fossem suas intenções originais, a criação assumiu vida própria, e, em poucas décadas, ocultistas que se identificavam como rosa-cruzes — do latim *rosae crucis*, "da rosa e da cruz" — se espalhavam por quase toda a Europa.

VER TAMBÉM: "Rosa-Cruz na Pensilvânia" (1694), "A 'Guerra das Rosas'" (1925).

Gravura do papa Urbano VIII, datada do século XVII, por Matthäus Merian, o Velho (1593 — 1650).

PALAVRAS MÁGICAS AO PAPA

1628

O MAIS PROFUNDO TERROR DEVE ter atravessado o frade renegado quando os mensageiros do papa chegaram à sua humilde residência em Roma. Tommaso Campanella (1568-1639) tinha toda razão em temer o poder da Igreja Católica; ele havia sido preso duas vezes por heresia, e uma terceira por liderar uma revolta contra o domínio espanhol no sul da Itália, um levante em que o ocultismo de Campanella teve um papel central. Enquanto cumpria sua terceira pena de prisão, ele escreveu um livro utópico, *A Cidade do Sol* (do original *Civitas Solis*), no qual expunha a visão de uma sociedade perfeita governada por magia astrológica.

Ele sabia que nada disso o faria ser apreciado pela hierarquia da igreja. Na verdade, o papa da época, Urbano VIII, havia publicado uma bula papal proibindo a astrologia. Os mensageiros, no entanto, garantiram a Campanella que não estavam lá para arrastá-lo até o tribunal. Apenas queriam que ele fizesse um favor muito especial para o papa.

A oposição de Urbano à astrologia, no fim das contas, revelou-se uma fachada. Ele próprio era astrólogo, e seu temor estava relacionado a um eclipse que se aproximava e que, em uma relação sinistra com o mapa de seu nascimento, pudesse causar sua morte. Ele queria que Campanella conduzisse rituais para desviar os efeitos do eclipse, coisa que ele logo se disponibilizou a fazer. Seguindo os ensinamentos contidos em *Picatrix* e *Corpus Hermeticum*, Campanella preparou uma câmara com imagens mágicas que invocavam planetas benéficos, e ele e o papa, juntos, queimaram incenso e recitaram encantamentos por dias a fio, até que a influência maléfica do eclipse tivesse passado com segurança.

Os rituais parecem ter funcionado — o papa Urbano VIII viveu por mais dezesseis anos e morreu de forma natural aos 76 anos de idade —, e Campanella viveu o resto de sua vida livre de qualquer ameaça da Inquisição.

VER TAMBÉM: "Tratados Místicos" (século III), "O livro do feiticeiro árabe" (1256), "Coroação com ajuda dos astros" (1559).

O LIVRO OCULTO DO ESPADACHIM

1630

A REDESCOBERTA DO OCULTISMO na Renascença não se limitou a magia, astrologia e alquimia; a geometria de Pitágoras também foi alvo de atenção. Artistas e arquitetos renascentistas beberam dessa fonte, assim como os espadachins do período. Os esgrimistas se dedicaram à geometria para aperfeiçoar sua técnica, e seu novo estilo se espalhou pela Europa, desenvolvendo-se especialmente na Espanha.

O espadachim que juntou combate e geometria com maior perfeição, Girard Thibault (1574-1629), nasceu na Antuérpia, Bélgica. Tendo sido uma criança doente, ele se dedicou à esgrima para melhorar sua saúde e foi à Espanha aprender com alguns dos melhores professores da Europa. Ao voltar para casa, em 1611, venceu uma competição com os melhores espadachins da Bélgica e da Holanda, depois enfrentou voluntários em uma famosa exibição para o príncipe Maurício de Nassau, derrotando todos.

Ele então se pôs a trabalhar em um manual, intitulado *Académie de l'Espée* (Academia da espada), que foi impresso um ano depois de sua morte, em 1630. Na obra, o mais elaborado tratado de esgrima jamais escrito, Thibault enraizou a arte da espada na geometria pitagórica, citou detalhadamente a obra *Três Livros de Filosofia Oculta*, de Cornelius Agrippa, em sua introdução e incluiu duas grandes calcogravuras recheadas de símbolos ocultistas. Todos aqueles que lessem o livro perceberiam em que realmente consistia a arte de Thibault: uma arte marcial europeia que tinha fortes laços com o ocultismo.

Isso não impediu que o livro de Thibault fosse financiado por monarcas e aristocratas, e que seu método de esgrima fosse praticado na Bélgica, na Holanda e em regiões da Alemanha por muitos anos depois de sua morte. No entanto, a maré já havia começado a se voltar contra o ressurgimento do ocultismo. À medida que o racionalismo ganhava popularidade, qualquer coisa associada ao oculto caía em desgraça, inclusive a esgrima de Thibault. Menos de um século depois de sua morte, ele e sua obra haviam sido esquecidos.

VER TAMBÉM: "A aurora do ocultismo" (século VI AEC), "Três Livros de Filosofia Oculta" (1533).

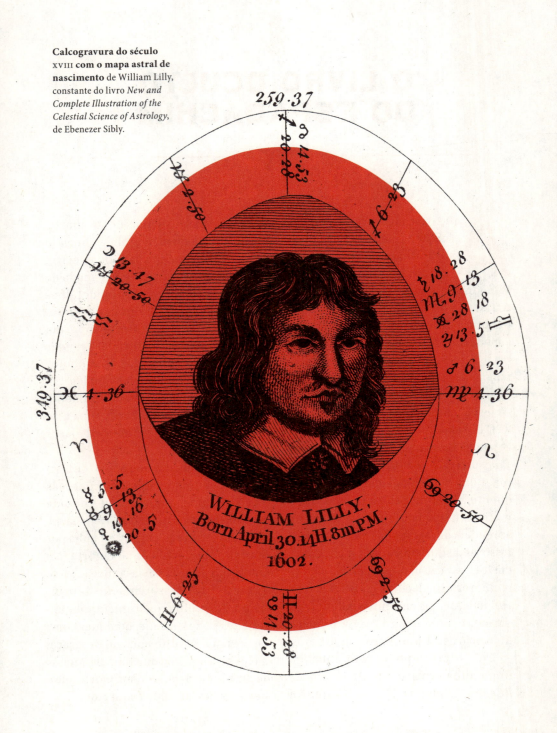

Calcogravura do século XVIII com o mapa astral de nascimento de William Lilly, constante do livro *New and Complete Illustration of the Celestial Science of Astrology*, de Ebenezer Sibly.

ASTROLOGIA CRISTÃ

1647

UM MENINO DE FAZENDA, DE UMA família pobre de Nottinghamshire, William Lilly (1602-1681) fez o ensino básico, mas não podia pagar a educação de seus sonhos. Por isso, foi a Londres trabalhar para um próspero comerciante. Então seu empregador morreu, e a viúva idosa se apaixonou por Lilly. O casamento o tornou rico, e quando ela morreu, alguns anos depois, ele vendeu o negócio e investiu os ganhos na educação com que sempre havia sonhado.

Seu grande interesse era a astrologia, e em poucos anos já era um astrólogo muito requisitado. Na turbulenta política da época, ele ficou ao lado do partido parlamentarista contra os monarquistas, começando a publicar previsões de vitória para o Parlamento e de uma morte violenta para o rei Charles I. Suas profecias se mostraram corretas: as forças parlamentaristas triunfaram na Guerra Civil Inglesa, e Charles foi executado em 1649.

Em meio a esse tumulto, Lilly trabalhava em sua obra-prima, o primeiro compêndio completo de astrologia jamais escrito em inglês. Intitulado *Astrologia Cristã*, foi publicado em 1647 e tornou-se um livro de referência para aspirantes a astrólogo, mesmo depois do início do século XIX.

A decisão de Lilly de escrever o compêndio em inglês, em vez de em latim, a língua acadêmica da época, teve enormes consequências. Meio século depois da publicação do livro, a Era da Razão e sua ciência racionalista haviam tomado a imaginação do mundo ocidental, e o ocultismo estava fora de moda. As tradições sobreviveram basicamente entre os praticantes do povo, que não sabiam latim. A astrologia sobreviveu no mundo de língua inglesa por estar disponível a qualquer pessoa alfabetizada no idioma, e foi graças a isso que seu renascimento explodiu no século XIX.

VER TAMBÉM: "Origem dos horóscopos" (fim do século V AEC), "Astrologia da Personalidade" (1936).

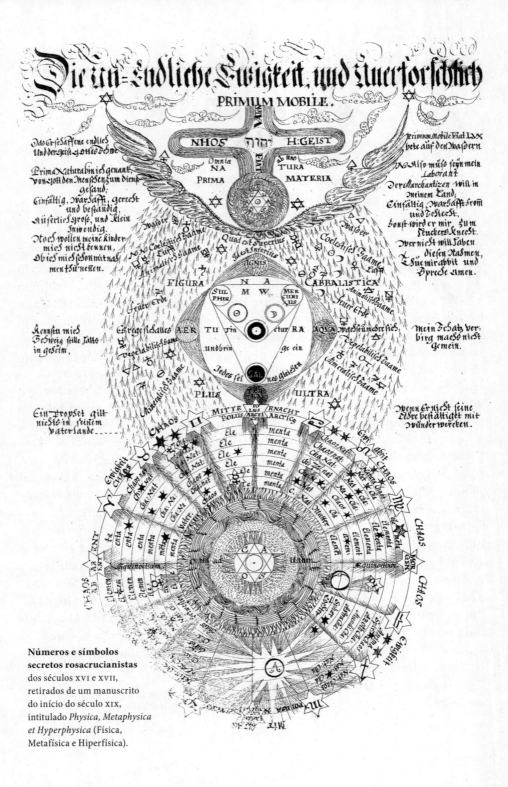

Números e símbolos secretos rosacrucianistas dos séculos XVI e XVII, retirados de um manuscrito do início do século XIX, intitulado *Physica, Metaphysica et Hyperphysica* (Física, Metafísica e Hiperfísica).

ROSA-CRUZ NA PENSILVÂNIA

1694

O PEQUENO GRUPO DE HOMENS desceu em fila indiana pela prancha de desembarque em meio à azáfama do porto da Filadélfia, felizes em colocar os pés em terra firme depois da longa viagem marítima desde a Alemanha. Como muitos outros, eles haviam escolhido deixar para trás tudo que conheciam, a fim de tentar uma nova vida nas colônias inglesas da América do Norte, mas seus motivos eram inusitados. Membros de uma sociedade rosacrucianista chamada Capítulo da Perfeição, eles queriam praticar alquimia, astrologia e cabala sem a interferência das autoridades religiosas, e a colônia da Pensilvânia — cujo fundador, William Penn, havia tomado a impensável decisão de conceder a seus residentes o direito à liberdade religiosa — pareceu-lhes bastante promissora, assim como para outras minorias religiosas da época.

Pouco depois de sua chegada, o pequeno grupo se estabeleceu em uma propriedade onde hoje é Germantown Creek, na Pensilvânia, vivendo juntos em uma casa e dividindo todos os seus pertences. Trabalhando juntos, os membros do grupo cultivavam toda a sua comida e o que mais fosse necessário, e os imigrantes alemães da área iam até eles em busca de ajuda médica e mágica, assim como seus ancestrais na Alemanha, por séculos, haviam se voltado para curandeiros e feiticeiros.

O líder do grupo, Johannes Kelpius (1667-1708), morreu devido às suas severas práticas ascéticas, e Conrad Matthäi assumiu o Capítulo da Perfeição. Sob sua liderança, a estrutura comunitária foi dissolvida, e os irmãos se mudaram para pequenas cabanas, onde prosseguiram com seus serviços médicos e espirituais individualmente. Alguns se tornaram, de forma permanente, curandeiros e feiticeiros para as comunidades de imigrantes no entorno, tendo seus próprios alunos. Ainda que o Capítulo não tenha sobrevivido à morte dos seus membros, os estudantes transmitiram boa parte desse saber e contribuíram para dar origem à característica tradição de magia popular da Pensilvânia.

VER TAMBÉM: "O primeiro manifesto rosa-cruz" (1614), "A 'Guerra das Rosas'" (1925).

CLUBES RESTRITOS & DIVINAÇÕES

SÉCULO XVIII

"Faz o que tu queres
há de ser tudo da lei."
— *Aleister Crowley*

A PRIMEIRA GRANDE LOJA MAÇÔNICA

1717

COMO QUALQUER OUTRA TAVERNA no início do século XVIII em Londres, a Apple Tree, situada no distrito de Covent Garden, tinha aposentos no andar de cima para festas e reuniões particulares. Na noite de 24 de junho de 1717, nenhum dos clientes sentados no salão principal deu atenção aos homens usando perucas da moda que chegaram pela entrada da frente, subiram as escadas e se dirigiram à porta de um dos aposentos privados — guardada por um homem de espada em punho.

Na Europa medieval, os membros de cada profissão qualificada pertenciam a organizações comerciais chamadas guildas. Poucas sobreviveram ao fim da Idade Média, mas a guilda dos pedreiros na Inglaterra e na Escócia foi uma exceção, e seu elaborado simbolismo e os rituais de iniciação atraíam "membros reconhecidos" — membros honorários, na linguagem de hoje — que não exerciam a profissão. Em 1717, existiam quatro associações de pedreiros em Londres, e a reunião do dia 24 de junho havia sido convocada com o objetivo de organizar a primeira Grande Loja Maçônica.

A Maçonaria, organização filosófica e caritativa que surgiu das antigas associações de pedreiros, não era — e não é — uma associação ocultista. Os laços que uniam os maçons à geometria sagrada e aos símbolos ocultistas, bem como a possibilidade de se conectar com pessoas que tinham os mesmos interesses, porém, levaram muitos ocultistas a se tornarem maçons entre meados do século XVIII e meados do século XX. Como resultado, boa parte da tradição maçônica fluiu para o ocultismo. De forma mais específica, as associações fundadas e dirigidas conforme as linhas maçônicas, cujos rituais de iniciação se baseavam em ritos da Maçonaria, começaram a assumir um papel significativo no ocultismo quando a tradição foi reavivada no século XIX — um processo que atingiu seu ápice 170 anos depois, com a fundação da Ordem Hermética da Aurora Dourada.

VER TAMBÉM: "Os Elus Cohen" (1767), "A Ordem Hermética da Aurora Dourada" (1887).

O contemporâneo Freemason's Hall, localizado na Great Queen Street, em Londres, foi construído entre 1927 e 1933. É a sede da Grande Loja Unida da Inglaterra, a mais antiga Grande Loja do mundo.

A DISCOURSE ON WITCHCRAFT.

Occasioned by a BILL now depending in PARLIAMENT, to repeal the Statute made in the first Year of the Reign of King JAMES I, Intituled, *An Act against* CONJURATION, WITCHCRAFT, *and dealing with evil and wicked* SPIRITS.

CONTAINING,

Seven CHAPTERS on the following HEADS.

I. To prove that the Bible has been falsely translated in those Places which speak of *Witchcraft*.
II. That the Opinion of *Witches*, has had its Foundation in Heathen Fables.
III. That it hath been improved by the Papal Inquisitors, seeking their own private Gain, as also to establish the Usurped Dominion of their Founder.
IV. That there is no such Thing as a *Witch* in the Scriptures, and that there is no such Thing as a *Witch* at all.
V. An Answer to their Arguments who endeavour to prove there are *Witches*.
VI. How the Opinion of *Witches* came at first into the World.
VII. The Conclusion.

Nam ut verè loquamur superstitio fusa per orbem oppressit omnium ferè animos, atque hominum occupavit imbecillitatem.
Cic. Lib. 2. de Divinat.

LONDON:

Printed for J. READ, in *White-Fryars*; and sold by the Booksellers and Pamphlet-Shops of *London* and *Westminster*, 1736. Price One Shilling.

Um Tratado Sobre a Bruxaria, texto anônimo impresso em 1736, em resposta à Lei de Feitiçaria perante o Parlamento, vendido em livrarias e lojas de brochuras em Londres e Westminster.

PROMULGAÇÃO DA LEI DE FEITIÇARIA

1736

O TÍTULO DO NOVO ESTATUTO ecoava os atos anteriores do Parlamento: *Uma lei contra invocação, bruxaria e negociação com o demônio e espíritos malévolos*. Mas a Lei de Feitiçaria de 1736 transformou por completo o clima jurídico no qual os ocultistas britânicos tinham de viver. Terminou com os julgamentos por bruxaria e tornou crime acusar alguém de feitiçaria. Também redefiniu a fraude relacionada ao ocultismo, estabelecendo que aqueles que "fingissem exercer ou usar qualquer tipo de feitiçaria, bruxaria, encantamento ou invocação, ou que previssem o futuro" poderiam ficar um ano na cadeia.

Por toda a Europa, as perseguições estavam cessando. Na Inglaterra, a última execução por bruxaria ocorreu em 1682; na Escócia, em 1722; na França, em 1745; na Alemanha em 1775; e na Suíça, em 1782. Cansadas das guerras religiosas e dos julgamentos por feitiçaria do século XVII, muitas pessoas se afastaram das crenças religiosas tradicionais e abraçaram as recém-criadas filosofias racionalistas do Iluminismo.

Para os racionalistas, as velhas leis que condenavam a bruxaria tornaram-se alvos fáceis para denúncias.

Sob a nova legislação, as pessoas podiam estudar ocultismo sem correr o risco de serem julgadas por feitiçaria, e o fim da censura à imprensa na Inglaterra em 1695 já havia ensejado um aumento na disponibilização de livros e panfletos sobre tradições ocultistas. Nas décadas que se seguiram à promulgação da Lei de Feitiçaria, esse aumento passou a englobar manuais sérios de teoria e prática ocultistas.

Muitas das leis permaneceram, ainda que raramente fossem aplicadas. Os ocultistas que praticassem suas atividades abertamente às vezes enfrentavam processos. Leis semelhantes foram aprovadas na maioria dos países do Ocidente e continuaram em vigor até o século XX, obrigando ocultistas a manterem suas atividades em segredo sob o risco de serem presos. Em 1944, a médium escocesa Helen Duncan foi a última pessoa a ser presa sob a Lei de Feitiçaria, que foi finalmente revogada em 1951.

VER TAMBÉM: "As ideias do *Canon Episcopi*" (século IX), "O martelo das feiticeiras" (1486).

Retrato de Emanuel Swedenborg, sueco, por Per Krafft, o Velho, *c.* 1766. Swedenborg, aos 75 anos, segura o manuscrito de seu próximo livro, *Apocalypsis Revelata* [Apocalipse Revelado].

AS VISÕES DE SWEDENBORG

1744

Emanuel Swedenborg (1688-1772) não era um típico visionário. Filho de um bispo luterano vindo de uma família com laços próximos à realeza sueca, ele teve uma educação de primeira classe na área científica na Universidade de Uppsala, na Suécia, à qual se seguiram visitas a universidades e associações eruditas na Inglaterra, França, Holanda e Alemanha. Depois assumiu um cargo público como inspetor de minas, lançou o primeiro jornal científico da Suécia e escreveu nada menos que 154 livros sobre ciência e matemática.

Swedenborg estava na casa dos cinquenta anos quando se interessou pelo ocultismo, e logo começou a manter um diário de seus sonhos e práticas de meditação. Essas práticas tiveram resultados inesperados em 1744, com uma intensa experiência visionária na qual Jesus e o espírito do falecido pai de Swedenborg apareceram para ele. Foi a primeira de muitas visões, que o convenceram de que ele tinha uma missão espiritual muito especial e que o levaram a trabalhar no primeiro de seus vários livros.

Ele abordou suas experiências visionárias com o mesmo espírito com que classificava minérios para o departamento de minas: de forma paciente e sistemática, comparando o testemunho de um grupo de anjos com o de outro. Seu primeiro livro sobre assuntos ocultistas, o maciço *Arcana Coelestia* [Segredos Celestiais], tem doze volumes e foi publicado anonimamente em 1749; sua autoria logo veio a público, dando origem a uma polêmica entre intelectuais europeus que se estendeu por anos depois da morte de Swedenborg.

Apesar da crítica dos cientistas e da condenação das autoridades religiosas, Swedenborg continuou trabalhando. Ao fim de sua vida, havia escrito mais de duzentos livros sobre assuntos religiosos e ocultistas. Sua obra ajudou a manter vivo o interesse no ocultismo durante a Era da Razão e encorajou o crescimento de uma contracultura ocultista secreta, da qual brotaria o grande renascimento do ocultismo no fim do século XIX.

VER TAMBÉM: "Visões de cura de A.J. Davis" (1844).

Sir Francis Dashwood (Lord Le Despenser) em suas orações, gravura satírica que parodiava imagens renascentistas de São Francisco de Assis, c. 1760, antes atribuída a William Hogarth — atualmente imagina-se que seja de William Platt.

CLUBE DO FOGO DO INFERNO

1746

Os autênticos ocultistas não foram os únicos a se beneficiarem da promulgação da Lei de Feitiçaria. Dez anos depois de sua aprovação pelo Parlamento, Sir Francis Dashwood (1708-1781) e um círculo de amigos fundaram uma sociedade para dar vazão a seu gosto por orgias de bebedeira e kitsch medieval. Em 1746, uma mania por tudo o que era gótico começava a dominar a cultura popular inglesa, e coisas como fantasmas, maldições, monges e afins estavam na moda; assim, não foi uma surpresa quando Dashwood reformou uma abadia em ruínas perto do vilarejo de Medmenham para o grupo. Seu nome oficial era Ordem dos Frades de São Francisco de Wycombe; já o nome pelo qual é mais conhecido atualmente é Clube do Fogo do Inferno.

O lema do clube era *Fais ce que tu voudras* — uma frase em francês que significa "faz o que tiveres vontade". Seus membros usavam mantos com capuz e participavam de burlescos rituais satânicos, mas suas atividades básicas envolviam um bocado de álcool e fartura de sexo promíscuo. O clube possuía uma das melhores coleções de pornografia do século XVIII na Inglaterra, além de um fornecimento regular de "freiras", que ou eram profissionais do sexo especialmente contratadas ou eram amadoras entusiasmadas que desejavam escapar das rígidas convenções da alta sociedade inglesa. Ao proporcionar tais diversões, o clube tornou-se imensamente popular, atraindo líderes políticos e aristocratas, incluindo pessoas influentes como John Wilkes e Benjamin Franklin.

Antes da revogação das antigas leis contra a feitiçaria, nada disso teria sido possível, mas, de qualquer forma, o Clube do Fogo do Inferno sucumbiu em meio a escândalos nos anos 1760. Durante e após sua existência, no entanto, exerceu um papel importante na divulgação da ideia de que o ocultismo estava ligado à rejeição dos convencionais costumes sociais e sexuais. Ideia que, nos dois séculos seguintes, teve um impacto significativo no próprio ocultismo.

VER TAMBÉM: "Promulgação da Lei de Feitiçaria" (1736).

Martinez de Pasqually, cortesia da Ordre Reaux Croix: Os três ramos do martinismo.

OS ELUS COHEN

1767

Até hoje ele é uma figura misteriosa. Martinez de Pasqually (*c.* 1727-1774) provavelmente nasceu na cidade de Grenoble, filho de pai espanhol e mãe francesa, e havia rumores de que teria ascendência judaica. Ninguém sabe onde ele obteve seu prodigioso conhecimento do ocultismo nem onde foi iniciado na Maçonaria.

Tudo o que se sabe ao certo é que ele apareceu em Montpellier em 1754 e ali fundou uma loja maçônica que conferia graus repletos de doutrina ocultista. Viajou pela França nos doze anos seguintes, iniciando estudantes e fundando novas lojas maçônicas. Em 1766, foi a Paris na esperança de conseguir a aprovação da Grande Loja Maçônica para as unidades que havia fundado, mas a organização se dissolveu em dezembro daquele ano, depois que uma briga eclodiu no meio de uma reunião.

Porém a viagem de Martinez de Pasqually não foi infrutífera, pois em Paris conheceu Jean-Baptiste Willermoz (1730-1824), um maçom de Lyon. No ano seguinte, os dois fundaram *La Franc-Maçonnerie des Chevaliers Maçons Élus Coëns de l'Univers* (Franco-Maçonaria dos Cavaleiros Maçons, Sacerdotes Eleitos do Universo), ou simplesmente Elus Cohen. A nova organização acrescentou o grau de "Elus Cohen", ou "Sacerdote Eleito", aos três graus da Maçonaria. Era nesse quarto grau que os iniciados aprendiam os rituais mágicos da ordem, chamados de maneira um tanto enigmática de *La Chose* ("A Coisa").

Entre os principais membros estavam Louis-Claude de Saint-Martin (1743-1803), um místico influente. Após a morte de Martinez de Pasqually em 1774, Willermoz e Saint-Martin assumiram a direção conjunta da ordem; Saint-Martin, no fim, acabou deixando-a para se devotar aos ensinamentos de Jacob Böhme, e Willermoz fundiu o grupo com outra loja maçônica em 1784. Os ensinamentos dos Elus Cohen sobreviveram e foram transmitidos de forma particular até a fundação da Ordem Martinista, em 1884.

VER TAMBÉM: "A primeira Grande Loja Maçônica" (1717), "A Ordem Martinista" (1884).

Gravura que mostra um homem hipnotizando uma mulher por meio do método do magnetismo animal, datada de 1802, a partir da obra de Daniel Dodd.

MESMERISMO

1778

Os folhetos tomaram Paris inteira, anunciando um novo e infalível método para curar doenças por meio de um poder misterioso chamado magnetismo animal. Nos dias que se seguiram, o mexerico parisiense transbordava de histórias sobre estranhos aparelhos, curas miraculosas e, claro, sobre o médico de Viena responsável por tudo isso. Franz Anton Mesmer havia chegado.

Mesmer (1734-1815) nasceu e cresceu em uma pequena cidade no sul da Alemanha, depois estudou medicina em Viena, onde abriu um consultório. Ele se tornou maçom e foi iniciado na Ordem da Cruz Dourada e Rósea, a principal sociedade rosacrucianista da Europa Central na época. À medida que estudava as tradições ocultas do rosacrucianismo, Mesmer se convenceu de uma força vital que poderia ser concentrada, dispersada, armazenada e transmitida: algo que ele chamou de magnetismo animal. Jamais modesto, ele anunciou que este era o único método de cura que valia a pena, uma afirmação que fez com que a maioria dos médicos de Viena o legasse ao ostracismo. Sua mudança para Paris ocorreu logo depois.

Em Paris, Mesmer montou seu equipamento — banheiras de madeira cheias d'água e cravejadas de hastes metálicas para descarregar o magnetismo animal — e começou a tratar pacientes, colocando-os em transes de cura. Sua clientela logo cresceu, assim como a hostilidade das autoridades médicas, que o chamavam de charlatão. Uma comissão real concordou com os médicos; seus pacientes contestaram, mas, cansado de Paris, Mesmer foi para Londres e então para outros lugares na Europa, buscando a consagração que ele acreditava ser devida a seu trabalho.

Depois de sua morte, os praticantes do mesmerismo abandonaram discretamente os elementos mais ocultistas e renomearam o sistema como "hipnotismo", nome mantido até hoje. Enquanto isso, os aspectos mais mágicos de seus ensinamentos voltaram para o secreto meio ocultista do qual originalmente haviam surgido.

VER TAMBÉM: "Visões de cura de A.J. Davis" (1844), "Nascimento do espiritualismo" (1848).

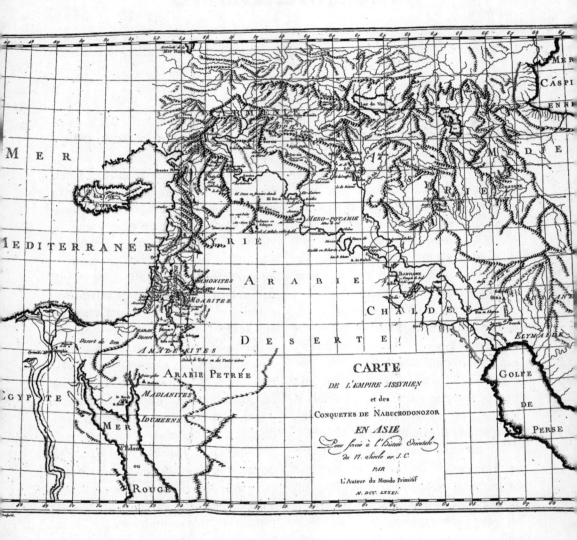

Um mapa do Oriente Médio, no frontispício do oitavo volume de *Monde Primitif, Analysé et Comparé Avec le Monde Moderne*, publicação de 1781 de autoria de Court de Gébelin, na qual defendia que o tarô era um livro sobre a sabedoria do antigo Egito.

O TARÔ NO EGITO

1781

Cada época tem um lugar em que repousam os sonhos de uma era dourada, e no fim do século XVIII esse lugar era o Egito. Pouco se sabia da antiga civilização às margens do Nilo, mas isso não impediu que os escritores da época preenchessem as lacunas com uma imaginação entusiasmada. Antoine Court de Gébelin (1725-1784) foi um dos autores de maior sucesso nesse campo e, em 1773, publicou o primeiro dos nove extensos volumes de *Monde Primitif, Analysé et Comparé Avec le Monde Moderne* [O Mundo Primitivo, Analisado e Comparado ao Mundo Moderno], um relato extravagante do antigo Egito tal como ele o imaginava.

O oitavo volume surgiu em 1781. Em suas páginas, Court de Gébelin argumentava que o tarô, que naquela época ninguém considerava ser mais do que um jogo de cartas fora de moda, era o último livro que restava sobre a antiga sabedoria egípcia, milagrosamente preservado e transmitido no decorrer dos séculos. Mesmo a própria palavra "tarot", que não tinha qualquer significado em nenhuma das línguas europeias, teve sua origem rastreada até o antigo Egito: *tar*, dizia ele, significava "estrada", e *rog*, ou *rosh*, significava "real". O tarô era, dessa forma, a "estrada real" para a sabedoria das eras.

Vale a pena recordar que, em 1781, nem Court de Gébelin nem qualquer outro ser humano conseguia entender uma palavra sequer da escrita do antigo Egito, que só foi decifrada em 1821. Quando os acadêmicos finalmente aprenderam a ler os hieróglifos, descobriu-se que *tar*, *rog* e *rosh* não eram palavras egípcias e que a expressão "estrada real" naquela linguagem era *w3t nsw* (a pronúncia era algo como "wa't nesoo"). Além disso, não havia nada remotamente parecido com o tarô na arte ou na literatura do antigo Egito. Ainda assim, o argumento de que o tarô vinha do Egito se tornou um traço comum da literatura popular sobre o ocultismo pelos dois séculos seguintes.

VER TAMBÉM: "Origem do tarô" (1418), "Divinação pelo tarô" (1783), "Tarô Rider-Waite" (1910).

149

Retrato de Etteilla, de seu livro *Etteilla, ou La Manière de se Récréer Avec un Jeu de Cartes*.

DIVINAÇÃO PELO TARÔ

1783

Apenas dois anos depois de Antoine Court de Gébelin ter afirmado que o baralho do tarô era uma relíquia do Egito Antigo, outro escritor publicou o primeiro livro sobre divinação com o tarô. Seu nome era Jean-Baptiste Alliette (1738-1791), um parisiense da classe trabalhadora que, por acaso, havia se tornado amigo de um italiano idoso. Este havia aprendido a ler a sorte usando cartas e ensinou seu sistema a Alliette, que inverteu as letras de seu nome e se tornou Etteilla, um vidente excepcional.

Em 1770, publicou seu primeiro livro, *Etteilla, ou La Manière de se Récréer Avec un Jeu de Cartes par M. **** [Etteilla, ou como se entreter com um jogo de cartas, do sr. ***], que ensinava a ler a sorte a partir de um baralho comum. Seguiu-se então um livro de previsões astrológicas, em 1772, e depois veio uma versão ampliada de *Etteilla*, em 1773.

A publicação de *Le Monde Primitif*, por Court de Gébelin, pareceu atingir Etteilla como um raio: ele comprou um baralho de tarô e começou a estudá-lo de imediato. Datado de 1783, o primeiro dos quatro volumes de sua obra-prima, *Manière de se Récréer Avec un Jeu de Cartes Nommées Tarots* [Como se Entreter com o Jogo de Cartas Chamado Tarô], interpretava as cartas seguindo a tradição pseudoegípcia de Court de Gébelin. Seus estudos do tarô o levaram a se interessar por todas as tradições ocultistas, e, nos anos seguintes, ele publicou livros sobre astrologia, alquimia e outras ciências ocultas.

Em 1788, Etteilla fundou uma organização chamada *Société des Interprètes du Livre de Thot* [Sociedade dos Intérpretes do Livro de Thot], com o objetivo de ensinar seus métodos de divinação pelo tarô, e dois anos depois criou uma organização mais ambiciosa, *La Nouvelle École de Magie* (A Nova Escola de Magia). Porém ele morreu no ano seguinte, e, não muito tempo depois, a escola desapareceu em meio à turbulência da Revolução Francesa.

VER TAMBÉM: "Origem do tarô" (1418), "O tarô no Egito" (1781), "Tarô Rider-Waite" (1910).

Gravura de Alessandro Cagliostro, pseudônimo de Giuseppe Balsamo.

MORTE DE CAGLIOSTRO EM ROMA

1795

Ele foi encontrado morto, por causa de um derrame, em sua cela na fortaleza de San Leo, e foi enterrado em uma sepultura não identificada. Por toda a Europa, correu a notícia de que o grande Alessandro Cagliostro (1743-1795) havia morrido.

Em seus anos de juventude em Palermo, seu nome era Giuseppe Balsamo; depois de passar alguns anos como noviço, alguns escândalos o obrigaram a deixar o claustro. Quando foi pego falsificando um título de propriedade, fugiu de Palermo e foi para Roma, onde encontrou uma linda adolescente chamada Lorenza Feliciani, cuja moral se equiparava à dele. Os dois logo começaram a ir de uma cidade para outra; ele afirmava ser o conde Alessandro Cagliostro e vendia elixires mágicos, e ela, como a condessa Serafina Cagliostro, colocou-se à disposição de uma série de amantes endinheirados — uma linha de trabalho que lhe dava amplas oportunidades de chantagem e espionagem.

Em Londres, em 1777, ele foi iniciado na Maçonaria. Logo depois afirmou ter descoberto um antigo manuscrito que revelava os rituais da Maçonaria egípcia e não demorou para que começasse a oferecer iniciação em troca de uma soma vultosa. Os oito anos seguintes foram o auge de sua carreira, que fez dele um milagreiro fabulosamente rico.

Quando chegaram a Paris em 1785, Cagliostro e Serafina foram recebidos na corte francesa. Ele, no entanto, envolveu-se em um grande escândalo e passou algum tempo na cadeia, para depois ser banido da França. Um jornalista picareta da capital francesa, então, publicou uma reportagem na qual mostrava que o grande conde Cagliostro nada mais era que Giuseppe Balsamo, o vigarista de Palermo.

Tal revelação destruiu a reputação de Cagliostro e o obrigou a fugir de volta para a Itália. Lá, acabou pego pela Inquisição. Foi condenado à prisão perpétua e permaneceu encarcerado por seis anos, até que a morte pôs fim à sua surpreendente carreira.

VER TAMBÉM: "A primeira Grande Loja Maçônica" (1717).

Imagem da coleção de Edward Williams, mais conhecido como Iolo Morganwg, publicado em 1848.

EQUINÓCIO DE OUTONO DOS DRUIDAS

1798

As folhas assumiam as cores do outono em Primrose Hill, na parte norte do Regent's Park, em Londres, enquanto um grupo saía de um pub e caminhava pelas ruas até o topo da colina. A maioria era jovem, e todos usavam as roupas coloridas que estavam na moda às vésperas da era da Regência Britânica; alguns deles tinham fitas azuis, verdes ou brancas amarradas no braço direito. Transeuntes perplexos olhavam enquanto o grupo chegava à colina e formava um círculo. O líder ia para o centro da roda e perguntava: "Existe paz?". E os demais ao redor dele respondiam em uníssono: "Paz". Pela primeira vez em Londres, desde o banimento das religiões pagãs, começava a celebração do equinócio de outono.

O líder do pequeno grupo era um expatriado galês chamado Edward Williams (1747-1826), que usava o nome bárdico Iolo Morganwg. De origem pobre, sua vida começou com uma sequência de fracassos, mas ele afirmava ter recebido de bardos mais velhos, no País de Gales, tradições de poesia e sabedoria mística que datavam da época dos antigos druidas. Brilhante, excêntrico e totalmente disposto a exagerar, com suas próprias invenções, quaisquer fragmentos de tradições que houvesse aprendido, Williams desempenhou um papel crucial na transformação do vago interesse popular nos druidas e na espiritualidade celta, comuns na época, em um movimento coeso — uma espécie de renascimento druida.

Por todo o País de Gales e em muitas outras áreas da Grã-Bretanha, havia muitas pessoas que queriam aprender os segredos dos druidas, e Williams estava mais do que disposto a ensiná-las. Nos anos posteriores àquela primeira cerimônia do equinócio, com o apoio de um crescente círculo de estudantes e admiradores, ele ensinou uma mistura de tradição e coisas inventadas para qualquer um que quisesse aprender. Na época em que ele morreu, em 1826, o druidismo havia se tornado uma presença significativa na cultura alternativa britânica, tendo se propagado também na Europa e nos Estados Unidos.

VER TAMBÉM: "Queda de Mona" (57 ec), "O Livro de Runas" (1983).

SABER PROPAGADO

SÉCULO XIX

"Viva a magia de uma
maneira simples e eficaz."
— *Austin Osman Spare*

Diagrama inserido no interior da capa de *Magus*, sob o título "Talismãs e imagens mágicas feitas dos vinte e oito Palácios da Lua etc. etc.", 1801.

TRATADO DE ALQUIMIA

1801

Na Era da Razão, o ocultismo viveu uma existência clandestina na Europa. Poucas pessoas continuaram a praticar algumas das antigas ciências ocultas, e a maior parte delas trabalhava em segredo e escondia suas atividades de todos, exceto de seus parceiros mais próximos. A época das perseguições podia ter acabado, mas as pressões sociais contra o ocultismo permaneciam. Vez por outra algum incidente descerrava a cortina apenas o suficiente para permitir que os pesquisadores de hoje vislumbrassem algo da história do ocultismo durante a Era da Razão.

Um desses vislumbres foi a publicação de *Magus: Tratado Completo de Alquimia e Filosofia Oculta*. O livro foi escrito — ou melhor, compilado — por Francis Barrett (nascido c. 1770), um ocultista inglês de quem hoje se sabe quase nada. A obra consistia basicamente em longas citações dos *Três Livros de Filosofia Oculta*, de Cornelius Agrippa, recheadas com toques de conhecimentos em magia provenientes de outras fontes, tudo isso acompanhado de ilustrações elegantes e organizado como uma introdução à magia para cavalheiros ou damas ingleses do período da Regência. Uma nota incluída no texto convidava as pessoas, no limite de doze, que desejassem estudar magia a entrar em contato com o autor.

Sabe-se que ao menos uma pessoa aceitou a oferta, um certo dr. John Parkins, de Grantham, no condado de Lincolnshire. Uma carta, que permaneceu preservada, de Barrett para seu pupilo traz conselhos detalhados sobre a arte de usar um cristal para se comunicar com reinos espirituais. Nessa mesma carta, Barrett ainda propunha a Parkins a oportunidade de se iniciar nos "mais elevados mistérios da disciplina rosacrucianista". Em que consistiam essas disciplinas, onde Barrett as havia obtido, e se Parkins foi ou não iniciado nelas são perguntas que continuam sem resposta.

VER TAMBÉM: "Três Livros de Filosofia Oculta" (1533).

159

THE
LONG LOST FRIEND.

OR

Faithful & Christian Instructions

CONTAINING

WONDEROUS AND WELL-TRIED

ARTS & REMEDIES,

FOR

MAN AS WELL AS ANIMALS.

WITH MANY PROOFS

Of their virtue and efficacy in healing diseases, &c. the greater part of which was never published until they appeared in print for the first time in the U. S. in the year 1820.

LITERALLY TRANSLATED FROM THE GERMAN WORK OF

JOHN GEORGE HOHMAN,

Near Reading, Alsace Township, Berks County, Penn.

HARRISBURG, PA.—1850.

Página da primeira edição em inglês de *The Long Lost Friend*, clássico de magia e medicina popular publicado pela primeira vez em alemão em 1820.

MAGIA POPULAR COM HOHMAN

1820

DESDE 1682, QUANDO FOI FUNDADA como uma colônia britânica pelo quaker William Penn, a Pensilvânia oferecia a seus cidadãos um privilégio praticamente inimaginável em qualquer outro lugar do mundo ocidental — o direito à liberdade religiosa —, e isso atraiu muitos europeus que enfrentavam perseguições por suas crenças, levando-os a se estabelecer naquela terra. Muitos deles, como os rosa-cruzes do Capítulo da Perfeição, mencionados anteriormente neste livro, eram da Alemanha. Eles ficaram conhecidos como Pennsylvania Dutch (uma corruptela de *deutsch*, "alemão", na língua germânica) e traziam consigo um rico patrimônio de magia popular.

Johann Georg Hohman, sua esposa, Anna, e o filho deles, Philip, estavam entre esses imigrantes. Hohman se tornou um dos editores de publicações de música mais prolíficos da comunidade Pennsylvania Dutch. Sua gráfica também publicava obras religiosas, algumas ortodoxas — como, por exemplo, um catecismo católico — e outras bem menos, como o Evangelho de Nicodemos, um dos evangelhos deixados de fora da versão oficial do Novo Testamento. Houve ainda *The Long Lost Friend* [O amigo há muito perdido], que se tornaria seu legado duradouro.

Tratava-se de uma coletânea de receitas caseiras que, em sua maioria, continha tratamentos para doenças comuns, além de assuntos domésticos, como uma receita de cerveja sem glúten. Boa parte, no entanto, era magia cristã, incluindo feitiços para cortar febres, pegar ladrões, repelir encantamentos hostis, fazer balas acertarem o alvo, e muito mais.

Até hoje, a obra permanece uma fonte básica para a magia popular da comunidade Pennsylvania Dutch, cuja importância só rivaliza com a de *Os Sexto e Sétimo Livros de Moisés*, uma coletânea de feitiços cabalistas trazida da Alemanha. Ao longo dos séculos XIX e XX, alastrou-se para além da Pensilvânia e tornou-se uma conhecida fonte para praticantes de hodu e muitas outras formas de magia americana.

VER TAMBÉM: "Rosa-Cruz na Pensilvânia" (1694).

Retrato de Thomas Taylor, *c.* 1812, do pintor britânico Sir Thomas Lawrence (1769-1830).

PROPAGANDO O CONHECIMENTO ANTIGO

1821

Ele era chamado de sumo sacerdote pagão da Inglaterra, rótulo que bem merecia. Nascido de pais da classe operária em Londres, Thomas Taylor (1758-1835) casou-se com sua primeira namorada, trabalhava de dia e estudava à noite. Na época, tornou-se um dos maiores estudiosos dos clássicos, mas ler Platão, Plotino e os neoplatonistas também o converteu de cristão indiferente em seguidor devoto do paganismo grego. Sonhos de derrubar a cristandade e restabelecer a religião pagã enchiam seus pensamentos, então traduziu clássicos gregos para o inglês. Seu primeiro projeto foi *Hinos Órficos*, publicado em 1787.

Suas traduções e palestras chamaram a atenção de benfeitores endinheirados, que o apoiaram com recursos para que ele tivesse mais tempo livre para traduzir. Um após o outro, os principais documentos da filosofia neoplatonista foram publicados em inglês, tornando-se leitura padrão de poetas, pensadores e místicos. Enquanto isso, Taylor praticava sua religião abertamente, realizando libações do vinho e sacrificando cordeiros aos deuses e deusas gregos, como seus adoradores haviam feito 2 mil anos antes. Isso atraiu uma saraivada de denúncias das autoridades cristãs, às quais Taylor respondeu na mesma moeda, descrevendo publicamente o cristianismo como uma "superstição bárbara", que um dia por certo seria substituída pelo ressurgente paganismo.

Mas foi somente nos anos 1820 que Taylor assumiu o risco de traduzir e publicar as principais obras sobre magia do neoplatonismo. Thomas Taylor traduziu primeiro *Sobre os Mistérios*, de Jâmblico, o grande manifesto do neoplatonismo mágico que reuniu a resistência ao cristianismo no século IV. A tradução de Taylor, assim, fez pela filosofia ocultista o que a *Astrologia Cristã*, de William Lilly, fez pela astrologia: colocou as chaves para o conhecimento antigo nas mãos de qualquer pessoa que soubesse ler.

VER TAMBÉM: "Morte de Platão" (347 AEC), "Ocultismo e filosofia com Plotino" (244), "Morte de Jâmblico" (*c.* 330), "Astrologia Cristã" (1647).

Retrato de Andrew Jackson Davis, nascido no interior do estado de Nova York e que ficou conhecido como "o vidente de Poughkeepsie".

VISÕES DE CURA DE A.J. DAVIS

1844

Andrew Jackson Davis (1826-1910) era um rapaz de Poughkeepsie, estado de Nova York, filho de uma família pobre e analfabeta. Quando conseguiu se tornar aprendiz de sapateiro, os habitantes da comunidade acharam que ele não conseguiria nada melhor que aquilo. Em 1843, no entanto, um mesmerizador foi à cidade e colocou várias pessoas em transe durante uma exibição pública. Ele não conseguiu hipnotizar Davis, mas, quando um alfaiate local tentou de novo, alguns dias depois, o garoto caiu facilmente em transe e, nesse estado, foi capaz de diagnosticar doenças e prescrever curas eficazes.

No ano seguinte, depois de ganhar reputação como vidente e aprender a colocar a si próprio em transe, ele teve uma visão formidável, na qual encontrou os espíritos de Galeno, o médico grego da Roma Antiga, e do místico sueco Emanuel Swedenborg. Ele despertou dessa visão com a semente de uma complexa filosofia mística em sua mente. Por conta das visões, Andrew Jackson Davis logo se pôs a dar aulas e palestras, e no ano seguinte começou a trabalhar em seu primeiro e mais influente livro, *The Principles of Nature* [Os princípios da natureza], que foi publicado em 1847 e teve mais de trinta edições nas três décadas seguintes.

The Principles of Nature e os muitos outros livros que se seguiram, e que mostram sua filosofia, estabeleceram Davis como um dos principais faróis do florescente ambiente alternativo do espiritualismo americano. Suas ideias foram adotadas pelo movimento espiritualista, que irrompeu em 1848, e se espalharam por quase todas as doutrinas ocultistas dos Estados Unidos do fim do século XIX, ajudando a formar as bases da era de ouro do ocultismo americano, no início do século XX. Sua fusão de filosofia mística e curandeirismo foi no mínimo tão importante quanto sua influência no espiritualismo, além de ter desempenhado um papel de peso ao originar a mistura de sabedoria ocultista e tratamentos alternativos, que, mais tarde, teve enorme influência no ocultismo americano.

VER TAMBÉM: "As visões de Swedenborg" (1744), "Mesmerismo" (1778), "Nascimento do espiritualismo" (1848).

Em uma sessão espiritualista, as pessoas se sentam com médiuns que tentam contatar os mortos.

NASCIMENTO DO ESPIRITUALISMO

1848

No início, os sons de pancadas eram apenas um aborrecimento, e a família Fox, de Hydesville, Nova York, decidiu ignorá-los. Duas das meninas, no entanto, descobriram que as pancadas podiam responder às perguntas que elas faziam. Gradualmente, tanto elas quanto os vizinhos que também se comunicavam com o invisível fazedor de ruído passaram a acreditar que se tratasse do fantasma de um homem assassinado, que havia sido enterrado anos antes no porão da casa.

Fábulas desse tipo eram comuns em rodas de conversas noturnas desde tempos imemoriais. No entanto as histórias sobre as irmãs Fox e seus diálogos com os mortos logo se espalharam por meio de reportagens em jornais e do boca a boca. Outras pessoas decidiram tentar falar com fantasmas, e algumas disseram ter obtido resultados. Mas somente quando aqueles que tinham conhecimento do mesmerismo descobriram que uma pessoa em transe conseguia facilmente falar com os mortos é que nasceu a religião do espiritualismo.

A nova religião bebeu fartamente dos livros de Emanuel Swedenborg e de Andrew Jackson Davis para a construção de sua teologia, e extraiu suas práticas dos métodos de Mesmer. Em uma clássica sessão espiritualista, pessoas que esperavam falar com os mortos se sentavam em uma sala escura na presença de um médium que assumia outras personalidades em seu transe — primeiro a de um "espírito controlador", depois as dos parentes mortos das pessoas ali presentes. Sempre se ouviam ruídos de pancadas, e às vezes as mesas levitavam, mãos fantasmas tocavam os indivíduos no recinto, mensagens eram escritas em lousas dentro de caixas trancadas, e outras coisas mais.

Algumas dessas coisas podem realmente ter acontecido. Outras certamente eram uma fraude. Mas todas ajudaram a alimentar o furor em torno do espiritualismo. Nos anos seguintes, a nova fé se tornou presença importante na vida religiosa da maioria dos países do Ocidente. Em seu rastro, também cresceu o interesse em formas mais tradicionais de ocultismo.

VER TAMBÉM: "As visões de Swedenborg" (1744), "Mesmerismo" (1778), "Visões de cura de A.J. Davis" (1844).

Pintura de 1920 de Marie Laveau, assinada por Frank Schneider, com base em um retrato pintado em 1835 por George Catlin

A "RAINHA VODU"

c. 1850

Nova Orleans era um dos pouquíssimos lugares, das regiões dos Estados Unidos que mantinham escravizados, onde havia uma comunidade grande de afro-americanos livres antes da Guerra Civil. A maior parte dos membros dessa comunidade era composta de cristãos devotos, mas alguns praticavam tradições religiosas e mágicas herdadas de seus ancestrais da África. Depois do início da Revolução Haitiana, em 1791, refugiados do Haiti levaram a tradição do vodum, ou vodu, para Nova Orleans, onde se somou a um ambiente religioso já complexo; dessa mistura inebriante surgiram as tradições do vodu de Nova Orleans.

Marie Laveau (1801-1881) era reconhecida como líder da comunidade vodu em Nova Orleans desde 1850 até sua aposentadoria, em 1869. Ela comandava cerimônias às margens do lago Pontchartrain na véspera de São João, 23 de junho, quando centenas de adoradores se reuniam à volta de fogueiras para dançar e se banhar no lago. No restante do ano, Marie podia ser encontrada em sua casinha na rua St. Ann, onde preparava e vendia amuletos mágicos para uma clientela que abrangia tanto os ricaços brancos como a população negra da cidade. Quando ela morreu, em 1881, todos os jornais de Nova Orleans publicaram um extenso obituário.

A cidade de Nova Orleans foi o mais importante portal por meio do qual as religiões africanas cederam parte de seu rico patrimônio ao ocultismo ocidental, mas estava longe de ser o único. Por todo o Novo Mundo, escravizados americanos se aferravam a suas tradições e as adaptavam aos recursos presentes em seus novos lares. Ainda que o vodu e sua ramificação de Nova Orleans tenham sobrevivido apenas em poucos lugares, uma intensa tradição de magia popular — conhecida pelos nomes de hodu, conjuro e mandinga — misturou-se mais facilmente com o cristianismo protestante que a maior parte dos afro-americanos praticava, tornando-se muito difundida. Em torno de 1900, podia-se encontrar praticantes de hodu em quase todas as cidades americanas.

VER TAMBÉM: "A primeira farmácia hodu" (1897).

Uma representação, feita por Éliphas Lévi, da deidade pagã Baphomet, publicada em *Dogma e Ritual da Alta Magia.*

DOGMA E RITUAL DA ALTA MAGIA

1855

O NOME VERDADEIRO DE ÉLIPHAS Lévi (1810-1875) era Alphonse Constant, mas quase ninguém mais se lembra disso. Nascido em Paris, era filho de um sapateiro e passou a juventude se preparando para uma carreira na Igreja Católica, mas deu-se conta de que não era feito para o celibato e acabou por trabalhar como jornalista e escritor. Seu primeiro livro, um manifesto político intitulado *La Bible de la Liberté* [A Bíblia da Liberdade], rendeu-lhe um breve tempo na cadeia e lhe deu o primeiro gostinho da fama; mas os estudos que se tornariam seu legado duradouro o levaram em outra direção.

A cultura popular na época de Constant se banhava em noções românticas emprestadas da Idade Média, e em meio às coisas que vieram à tona nesse processo estavam fragmentos de tradições ocultistas. Enquanto a maioria de seus amigos e companheiros tratava esses fragmentos como meramente decorativos, Constant sentia haver algo muito mais importante por trás: uma maneira de compreender o cosmos que não havia perdido qualquer relevância com a passagem do tempo.

Ele mergulhou em um intensivo estudo de literatura sobre magia e, em 1854, publicou um pequeno livro intitulado *Dogme de la Haute Magie* [Dogma da Alta Magia]. Um segundo volume, *Rituel de la Haute Magie* [Ritual da Alta Magia], veio à luz no ano seguinte, e os dois foram publicados juntos pouco tempo depois. Constant sabia que os preconceitos contra o ocultismo permaneciam firmes e, por isso, decidiu publicá-los sob o pseudônimo de Éliphas Lévi.

O livro *Dogma e Ritual da Alta Magia* apresentava os ensinamentos do ocultismo de uma forma que fazia sentido para os leitores de Lévi. Recorrendo a ideias em circulação sobre filosofia e ciência, ele construiu uma ponte entre o século XIX e os preceitos ocultistas, ponte essa que, nos anos seguintes, foi cruzada por muitas pessoas. Embora o interesse pelo tema já desse alguns sinais de existência antes da obra de Lévi, seu livro marca o início do renascimento moderno da magia.

VER TAMBÉM: "A Ordem Martinista" (1884), "A Ordem Hermética da Aurora Dourada" (1887).

Retrato de Jules Michelet, por Thomas Couture (1815-1879), atualmente no Museu Carnavalet, em Paris.

RETRATOS DA FEITIÇARIA

1862

Jules Michelet (1798-1874) foi um dos mais influentes historiadores do século XIX, tendo sido popular tanto entre seus colegas profissionais como entre os leitores franceses. Ele tinha talento para descrições vívidas, que possibilitavam aos leitores reviver o passado, e adorava buscar ângulos inesperados que permitissem melhor entendê-lo. Quando as grandes caças às bruxas dos séculos XV, XVI e XVII chamaram a sua atenção, era inevitável que dali surgisse algo extraordinário.

Os tempos eram propícios para tal reavaliação. Nos anos 1850, a Europa estava em frangalhos devido à agitação social, e a maior parte dos governos havia proibido qualquer atividade política por parte dos pobres; estes reagiram, juntando-se a sociedades secretas tais como os *Carbonari*, grupo italiano que tramava conspirações para assassinatos e revoltas contra as classes dominantes. Michelet sabia, a partir de suas pesquisas, que os conflitos entre ricos e pobres haviam sido tão implacáveis na Idade Média como o eram em seu tempo. E se, especulou, a feitiçaria que fora tão duramente condenada por senhores e sacerdotes medievais fosse uma sociedade secreta camponesa, o equivalente medieval dos *Carbonari*?

Em seu livro *A Feiticeira* (do original *La Sorcière*), Jules Michelet usou seu talento em um retrato bastante vivaz do passado para imaginar a ascensão, a decadência e a destruição da feitiçaria como uma sociedade secreta política, que havia se formado a partir de reminiscências da antiga religião pagã e do folclore rural, em oposição a uma ordem social injusta e também à igreja e ao estado, que defendiam essa ordem. O livro se tornou um best-seller e influenciou muitos outros autores. Ainda que a pesquisa histórica posterior tenha desmentido a teoria de Michelet, sua concepção de bruxaria acabou exercendo um impacto dramático na história do ocultismo, pois foi a partir da visão de Michelet, revisitada por autores como Charles Godfrey Leland e Margaret Murray, que a wicca moderna pôde traçar suas origens históricas.

VER TAMBÉM: "O evangelho das bruxas" (1899), "Culto das bruxas na Europa Ocidental" (1921), "Bruxaria de Gardner" (1954), "Wicca: magia para todos" (1979).

EULIS!

THE HISTORY OF LOVE:

ITS WONDROUS MAGIC, CHEMISTRY, RULES, LAWS, MODES, MOODS AND RATIONALE;

BEING THE

THIRD REVELATION OF SOUL AND SEX.

ALSO, REPLY TO

"WHY IS MAN IMMORTAL?"

THE SOLUTION OF THE DARWIN PROBLEM.

AN ENTIRELY NEW THEORY.

BY

Paschal Beverly Randolph, M.D.

THIRD EDITION.

TOLEDO, OHIO:
RANDOLPH Publishing Co.
1896.

Frontispício da edição de 1896 de *Eulis! The History of Love*
[Eulis! A história do amor], de Paschal Beverly Randolph.

A IRMANDADE DE EULIS

1874

Paschal Beverly Randolph (1825-1875) nasceu e cresceu nos cortiços de Nova York, filho de uma mulher negra e pobre, e William Beverly Randolph, um homem branco. Sua mãe morreu quando ele era criança, e ele viveu de forma precária até a adolescência, quando arrumou trabalho como taifeiro em um navio.

Em 1845, Randolph se estabeleceu no interior de Nova York e adotou o espiritualismo desde seu surgimento, tornando-se um convertido e, depois, um médium. Em 1853 já promovia sessões mediúnicas com regularidade, além de atuar como "médico clarividente" especializado em problemas sexuais. Rodou a Europa três vezes, promovendo sessões e reunindo-se com espiritualistas e ocultistas influentes. Nesse meio-tempo, lia livros sobre espiritualismo e ocultismo e começava a desenvolver sua própria filosofia ocultista.

Nos anos da Guerra Civil, ele deixou de lado seus interesses no ocultismo e ajudou a recrutar soldados afro-americanos para o exército da União, do Norte. Depois disso, começou a escrever livros sobre filosofia, práticas ocultistas e sexualidade humana. Em um período no qual a maior parte das autoridades médicas insistia em afirmar que as mulheres eram incapazes de ter um orgasmo, Randolph ensinava que orgasmos regulares eram necessários para a saúde física e criticava os que ignoravam as necessidades sexuais de suas parceiras.

Em diversas ocasiões, Randolph tentou organizar sociedades ocultistas para transmitir seu sistema único de ocultismo sexual. No entanto ele sofria de alterações violentas de humor e tinha um temperamento descontrolado, o que o levava a destruir cada organização pouco depois de ser criada. A maior e mais bem-sucedida dessas ordens foi a Irmandade de Eulis, fundada em 1874 no Tennessee. Assim como as demais, ela se desintegrou logo após sua criação, mas voltou a funcionar no ano seguinte ao suicídio de Randolph, e, por meio dela, os preceitos de seu fundador continuaram a influenciar muitas outras doutrinas ocultistas.

VER TAMBÉM: "Nascimento do espiritualismo" (1848).

Helena Blavatsky, ocultista e médium russa, cofundadora da Sociedade Teosófica.

A SOCIEDADE TEOSÓFICA

1875

O GRUPO QUE SE REUNIA EM UM salão alugado na cidade de Nova York poderia ter sido um círculo qualquer de ocultistas americanos. No rastro da idade de ouro do espiritualismo, tais grupos eram comuns em todas as grandes cidades americanas. Não se sabe quantas das pessoas presentes perceberam a mulher atarracada e de cabelos escuros sentada entre eles, nem se suspeitaram de que sua presença transformaria o ocultismo.

Seu nome era Helena Petrovna Blavatsky (1831-1891), e ela afirmava estar em contato com misteriosos adeptos do Oriente que transmitiriam, por meio dela, os ensinamentos secretos do coração do ocultismo. Nascida na Rússia, fugiu de um casamento arranjado quando tinha dezessete anos, e dizia que foi ao Tibete para estudar aos pés dos mestres. Algumas pessoas contavam histórias nas quais se referiam a ela como uma artista circense, médium espiritualista fraudulenta e uma aventureira. Em 1873, chegou aos Estados Unidos e conheceu o coronel Henry Steel Olcott (1832-1907), um jornalista adepto do ocultismo e com talento para a publicidade. Os dois logo foram morar juntos e traçaram planos para a organização que realizou sua primeira reunião naquela noite de 1875: a Sociedade Teosófica.

O que diferenciava a nova sociedade dos inúmeros grupos ocultistas do mundo ocidental era sua missão: ensinar o ocultismo às pessoas sem exigir voto de sigilo. Dois enormes livros de Blavatsky — *Ísis Sem Véu* e *A Doutrina Secreta* — contribuíram para divulgar a organização, e, ao longo da década seguinte, ramos da Sociedade Teosófica foram brotando em todos os países do Ocidente. Ainda que sua história fosse repleta de escândalos e controvérsias, e que Blavatsky tivesse sido atormentada por acusações de fraude durante toda a sua vida, a Sociedade Teosófica tornou-se, sem sombra de dúvida, a mais influente organização ocultista de sua época.

VER TAMBÉM: "A Ordem Martinista" (1884), "Sociedade Antroposófica" (1913), "Fim da Ordem da Estrela do Oriente" (1929).

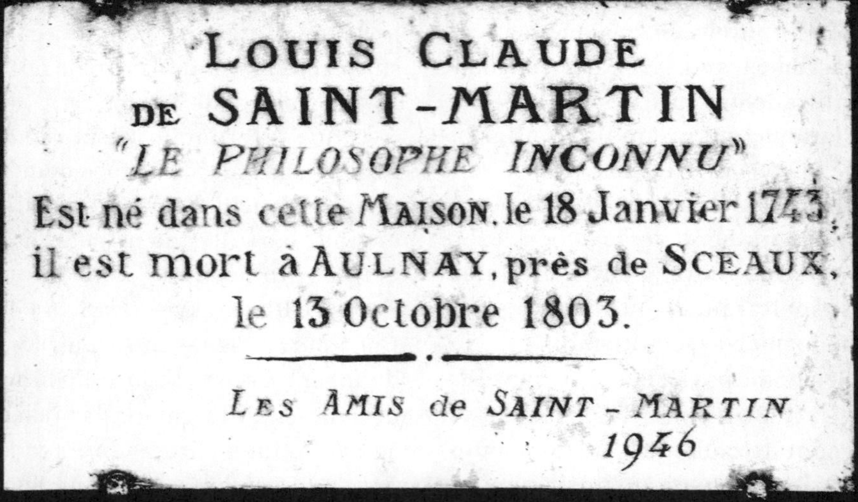

> LOUIS CLAUDE
> DE SAINT-MARTIN
> "LE PHILOSOPHE INCONNU"
> Est né dans cette Maison, le 18 Janvier 1743,
> il est mort à AULNAY, près de SCEAUX,
> le 13 Octobre 1803.
>
> LES AMIS de SAINT-MARTIN
> 1946

Placa indicativa do local de nascimento de Louis-Claude de Saint-Martin, em Amboise, França. Seus escritos, e aqueles de Martinez de Pasqually, formam a base dos preceitos martinistas.

A ORDEM MARTINISTA

1884

O DR. Gérard Encausse (1865-1916) foi um dos luminares do ocultismo na França. Estudante da magia popular desde a infância, ele ganhava a vida como médico, mas passava a maior parte de seu tempo livre na Biblioteca Nacional, a maior de Paris, lendo livros antigos sobre magia e alquimia. Ingressou na Sociedade Teosófica assim que esta chegou à França, mas logo se cansou da ênfase cada vez maior que a organização dedicava às tradições asiáticas, já que ele sentia que seu caminho espiritual o chamava para os ensinamentos do ocultismo ocidental. Ele então assumiu como pseudônimo um dos nomes que aparecia no livro *Dogma e Ritual da Alta Magia*, de Éliphas Lévi — Papus, o médico. Usando esse nome, começou a escrever artigos e, mais tarde, livros sobre ocultismo.

Em algum momento do início dos anos 1880, ele foi iniciado na tradição mágica dos Elus Cohen, que vinha sendo transmitida discretamente desde a época de Martinez de Pasqually, e passou a estudar também os escritos místicos de um aluno dele, Louis-Claude de Saint-Martin. Encausse e seu companheiro de ocultismo, Pierre-Augustin Chaboseau (1868-1946), decidiram relançar a dimensão ritual da doutrina e em 1884 fundaram a Ordem Martinista. Cada um de seus três graus de iniciação provinha de uma fonte diferente — o primeiro, ou grau de Associado, vinha da Maçonaria Egípcia de Cagliostro; o segundo, ou grau de Iniciado, vinha dos Cavaleiros Beneficentes da Cidade Santa, de Jean-Baptiste Willermoz; e o terceiro, ou *Supérieur Inconnu* (Superior Desconhecido), vinha do sistema que Encausse e Chaboseau receberam dos herdeiros de Martinez de Pasqually.

Por meio da Ordem Martinista, o martinismo passou a ter uma presença significativa no meio ocultista da Europa no início do século XX e, no fim desse mesmo século, podia ser encontrado em todo o Ocidente. Hoje, continua a exercer influência nos círculos ocultistas ocidentais.

VER TAMBÉM: "As visões de um sapateiro" (1610), "Os Elus Cohen" (1767), "Dogma e Ritual da Alta Magia" (1855).

William Wynn Westcott, retratado com as roupas cerimoniais dos rosa-cruzes, foi cofundador da Ordem Hermética da Aurora Dourada, com seu amigo Samuel Mathers.

A ORDEM HERMÉTICA DA AURORA DOURADA

1887

Té hoje, ninguém sabe de onde veio o manuscrito. Era escrito em código e ilustrado com desenhos toscos de símbolos mágicos. Mas o dr. William Wynn Westcott (1848-1925), um maçom ocultista de Londres, encontrou o documento e o levou até seu amigo Samuel Mathers (1854-1918), outro maçom interessado pelo oculto. O código, eles descobriram, estava em um manual da Renascença sobre escritas secretas, de autoria do abade-feiticeiro Johannes Trithemius; com a ajuda desse manual, os dois homens decifraram o manuscrito, descobrindo nele um esboço dos rituais e ensinamentos secretos de uma sociedade de magia chamada Ordem Hermética da Aurora Dourada.

Mathers expandiu os esboços e os transformou em rituais práticos, e Westcott usou seus contatos para atrair membros. Em 1890, a Ordem Hermética da Aurora Dourada era o grupo ocultista de maior prestígio na Grã-Bretanha, do qual fazia parte até mesmo o Nobel de Literatura William Butler Yeats. Seus membros estudavam cabala, magia cerimonial, tarô, astrologia e alquimia, reunidos por Westcott, Mathers e um círculo íntimo de membros do alto escalão.

Para a infelicidade do grupo, Mathers e Westcott se desentenderam; Westcott deixou a ordem, e Mathers mostrou-se instável demais para dirigi-la sozinho. Em uma série de calamitosas crises políticas entre 1900 e 1903, a ordem se dilacerou em três fragmentos, e cada um deles enfrentou mais cisões e conflitos. Em 1937, sobravam apenas alguns esparsos remanescentes da ordem original. Naquele ano, porém, o ocultista americano Israel Regardie (1907-1985) — que fora iniciado em um dos templos ainda existentes da Aurora Dourada na Grã-Bretanha — publicou *A Aurora Dourada*, uma coletânea de memorandos da ordem. A publicação se mostrou um ponto decisivo; foram fundados templos novos e independentes, e hoje a Aurora Dourada é a mais influente sociedade de magia do mundo ocidental.

VER TAMBÉM: "O livro de Crowley" (1904), "Tarô Rider-Waite" (1910).

O PRIMEIRO SALÃO DA ROSA-CRUZ

1892

A orquestra tocava o prelúdio da última ópera de Richard Wagner, *Parsifal*. Um cheiro de incenso flutuava no ar, rivalizando com o perfume de centenas de rosas. Nas paredes, quadros de 63 artistas atraíam o olhar de admiração dos clientes, e fora da galeria Durand-Ruel a multidão era tão numerosa que os gendarmes de Paris tiveram de fechar a rua. A noite de abertura do primeiro Salão da Rosa-Cruz havia começado de maneira esplêndida, e em meio a tudo àquilo, imediatamente reconhecível por sua longa barba preta e pelas roupas pomposas, estava Joséphin Péladan.

Péladan (1858-1918) cresceu em Lyon e, ao chegar à idade adulta, foi para Paris em busca de uma carreira literária. Suas críticas mordazes sobre as obras medíocres selecionadas para os salões anuais de Paris lhe renderam atenção imediata e o tornaram uma das principais figuras dos círculos de vanguarda. Como muitos jovens intelectuais da época, ele era fascinado pelo ocultismo e escreveu uma série de romances com temas ocultistas. O primeiro deles, *O Vício Supremo* (do original *Le Vice Suprême*), foi publicado em 1884 e tornou-se um sucesso instantâneo.

Uma carreira literária em ascensão e uma vida ativa no meio ocultista de Paris, no entanto, não bastavam para Péladan. Ele queria dar aos simbolistas um movimento artístico que se concentrava em temas místicos, a exposição que o Salão de Paris lhes havia negado. Isso o levou a conceber um salão rival, e o resultado foi o Salão da Rosa-Cruz.

O primeiro deles, em 1892, rompeu o domínio que o Salão oficial exercia no mundo das artes em Paris. Mas esse foi um feito dos impressionistas e de outros movimentos de vanguarda, e não dos simbolistas amados por Péladan. Cinco outras edições do Salão da Rosa-Cruz se seguiram até que Péladan admitisse o fracasso de sua tentativa de levar o ocultismo de volta à pintura. Ele continuou a ser um escritor prolífico, mas, na época de sua morte, em 1918, já estava praticamente esquecido.

VER TAMBÉM: "O primeiro manifesto rosa-cruz" (1614).

Loja de produtos ocultistas no French Quarter de Nova Orleans, nos dias atuais.

A PRIMEIRA FARMÁCIA HODU

1897

Desde suas origens, na época da escravidão, a tradição mágica afro-americana — chamada tanto de hodu como de conjuro ou mandinga — era praticada majoritariamente por pessoas que faziam trabalhos externos e podiam coletar ingredientes para feitiços nas florestas e campos. Com o fim da escravidão, trabalhadores negros começaram a se empregar nos centros urbanos, e aqueles que viviam nos grandes centros ainda tinham necessidades que podiam ser resolvidas com magia, mas o acesso a matérias-primas para os feitiços tornou-se algo mais difícil. Para lidar com isso, surgiu uma indústria hodu.

Entre os estabelecimentos cruciais do hodu urbano estava um tipo de farmácia que vendia velas, ervas e outras substâncias mágicas, assim como remédios comuns e produtos de higiene pessoal. A primeira delas, e por muitas décadas a mais famosa, foi a Cracker Jack Drugstore, na Rampart Street, em Nova Orleans. Administrada pelo dr. George Thomas, a farmácia acrescentava itens de hodu ao seu estoque à medida que Thomas aprendia o que sua clientela queria comprar. Nos anos 1920, a Cracker Jack tinha uma reputação que se estendia pelos Estados Unidos, e praticantes de hodu faziam longas viagens para comprar matérias-primas ali.

Nessa época, a Cracker Jack já tinha várias concorrentes; havia pelo menos mais duas farmácias hodu em Nova Orleans, e elas estavam presentes na maior parte das cidades onde existia uma significativa população negra. Empresas de mala direta forneciam ervas, velas, óleos e pós para clientes de todo o país, apesar de as regras dos serviços postais considerarem essas atividades como fraudulentas. Muitos fornecedores hodus também entregavam livros sobre magia da comunidade Pennsylvania Dutch, como *The Long Lost Friend* [O amigo há muito perdido] e, à medida que o século XX avançava, obras clássicas do ocultismo ocidental encontraram seu lugar nas prateleiras, e as tradições hodu encontraram seu lugar no ocultismo.

VER TAMBÉM: "Magia popular com Hohman" (1820).

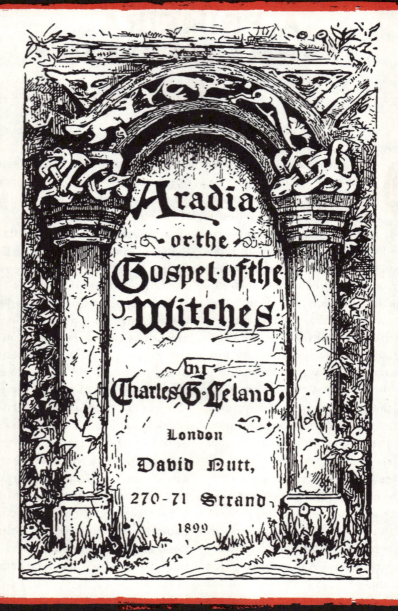

Frontispício de *Aradia, o Evangelho das Bruxas*, de Charles Godfrey Leland, publicado em 1899.

O EVANGELHO DAS BRUXAS

1899

Charles Godfrey Leland (1824-1903) nasceu em uma família rica da Pensilvânia e aprendeu magia com os empregados de sua casa, tanto os irlandeses e afro-americanos como os de origem alemã. Foi ainda jovem para Paris, onde participou da Revolução de 1848; então voltou para os Estados Unidos e lutou na Guerra Civil, no lado da União, do Norte. Depois trabalhou como garimpeiro no oeste do país, antes de embarcar na carreira de escritor e jornalista.

Mais tarde se mudou para Florença, na Itália, onde estudou o folclore local em busca de vestígios de antigas tradições romanas e etruscas. Em 1886, de acordo com seu relato posterior, ele ouviu pela primeira vez rumores sobre um livro secreto que circulava entre as bruxas italianas. Conseguiu se tornar amigo de uma bruxa, a quem deu o pseudônimo de Maddalena, e por fim teve acesso a uma cópia do livro, que ele traduziu e publicou com o título de *Aradia, o Evangelho das Bruxas*.

De acordo com o livro, Aradia, a primeira bruxa, era a filha de Diana, deusa da lua, e do filho desta (seu irmão), Lúcifer. Como sentia pena dos pobres e oprimidos na terra, Diana enviou sua filha para lhes ensinar feitiçaria, para que então pudessem lutar contra a igreja e o estado que os oprimiam. De maneira geral, era exatamente o tipo de bruxaria que Jules Michelet havia imaginado em 1862 — e como Leland havia lido Michelet, isso pode não ter sido coincidência.

Até hoje, ninguém sabe se o livro data de alguma época anterior a 1886, ou se era uma invenção de Maddalena, ou mesmo do próprio Charles Godfrey Leland. Alguns estudiosos opinam que Aradia pode ter sido uma figura histórica, uma camponesa e profetisa italiana do fim da Idade Média, em torno da qual brotaram lendas. Qualquer que tenha sido a fonte do *Evangelho das Bruxas*, no entanto, a obra acabou tendo um papel central no surgimento da wicca moderna.

VER TAMBÉM: "Retratos da feitiçaria" (1862), "Culto das bruxas na Europa Ocidental" (1921), "Bruxaria de Gardner" (1954), "Wicca: magia para todos" (1979).

187

RENOVAÇÃO PARA ANTIGOS SABERES

SÉCULO XX & XXI

"Quem olha para fora sonha,
quem olha para dentro desperta."
— *Carl Gustav Jung*

Guido von List teve uma visão em que as runas se conectavam aos versos da Antiga Edda, uma coletânea de poemas nórdicos de autoria anônima. Reproduzida aqui está a folha de rosto de uma edição de 1908.

RAÍZES OCULTAS DO NAZISMO

1902

Nascido em uma próspera família de mercadores em Viena, Guido von List (1848-1919) rompeu com a tradição familiar ao decidir tornar-se escritor. No início, supria suas necessidades materiais básicas escrevendo reportagens relacionadas à natureza para revistas, mas acabou encontrando um tema mais lucrativo com *Carnuntum*, seu bem-sucedido romance de 1888 sobre tribos germânicas que combatiam as legiões romanas. Depois de muitos anos com um problema na vista, ele se submeteu a uma cirurgia em 1902, que o obrigou a passar quase um ano com os olhos vendados por curativos. Durante esse ano de escuridão, von List teve uma visão em que runas apareciam e se conectavam a versos da Antiga Edda, coleção de poemas da mitologia nórdica.

Quando recuperou a vista, ele se tornou um outro homem, dedicando-se a uma intensa pesquisa sobre runas e folclore nórdico e germânico, contos de fadas e ocultismo. Seu primeiro livro sobre o tema, *Das Geheimnis der Runen* [O segredo das runas], veio a público em 1908 e encontrou uma audiência receptiva em todas as escolas de ocultismo da Europa Central. Ele estava convencido de que muitas das tradições do mundo ocidental descendiam de antigas fontes germânicas, e desenvolveu um vasto sistema de ocultismo que se baseava em sua própria interpretação das runas.

A esses preceitos, contudo, von List adicionou ideias populares sobre a superioridade da raça branca e, particularmente, dos povos germânicos. De sua obra nasceu um movimento autointitulado ariosofia — "a sabedoria dos arianos" —, que tomou emprestado muito da teosofia, mas reelaborou seu conteúdo para apoiar um propósito de racismo pangermânico. Nos anos que precederam sua morte, em 1919, von List proclamava que um líder forte, "o Poderoso das Alturas", logo surgiria e unificaria os povos germânicos. Ele estava, claro, muito certo; no ano em que Von List morreu, um veterano austríaco chamado Adolf Hitler, que foi fortemente influenciado pela ariosofia, começou sua carreira política.

VER TAMBÉM: "Criação das runas" (*c.* século I EC), "As runas de Bureus" (1611), "Sociedade Thule" (1917), "O Livro de Runas" (1983).

Retrato de 1921 do ocultista Aleister Crowley, escritor, mago cerimonial e autoproclamado profeta.

O LIVRO DE CROWLEY

1904

Sua família era sufocantemente respeitável, e sua educação foi convencional, mas Edward Alexander Crowley (1875-1947) estava fadado a um destino excepcional. Sua mãe acelerou as coisas ao decidir que a rebeldia adolescente era uma mostra de que o filho era o Anticristo, identidade que ele adotou com entusiasmo. Assim que deixou a casa dos pais, mudou seu nome para Aleister, escreveu poemas pornográficos, fez sexo com homens e mulheres, e envolveu-se com o ocultismo.

Isso o levou à Ordem Hermética da Aurora Dourada, em que foi iniciado em 1898. Mas as autoridades da ordem em Londres acharam que Crowley tinha um gênio insuportável e se recusaram a iniciá-lo no grau de *Adeptus Minor*. Ele então foi a Paris e convenceu Samuel Mathers a fazê-lo — um ato que ajudou a desencadear a crise na ordem em 1900.

Em 1903, ele se casou e partiu em uma volta ao mundo com a esposa. No Cairo, durante três dias em 1904, uma voz desencarnada ditou *O Livro da Lei*, que louvava a paixão e a violência, e que lhe garantiu sua duradoura frase de efeito: "Faz o que tu queres há de ser tudo da Lei". Depois disso, enquanto seu casamento se desintegrava e sua carreira literária fracassava, Crowley ficou cada vez mais convencido de que ele era aquilo que *O Livro da Lei* proclamava: a Grande Besta 666, que substituiria o cristianismo pela nova religião de Thelema (a palavra grega para "vontade").

A partir de então, a vida de Crowley se tornou uma crônica de contínuos fracassos. Ele torrou o dinheiro que havia herdado da família, suas tentativas de lançar uma ordem mágica para divulgar a palavra de Thelema foram destruídas por seu comportamento errático, e uma comuna que fundou na Itália acabou levando à sua expulsão daquele país. Quando morreu, em 1947, seus seguidores não chegavam a uma dezena, e seu espólio foi de apenas catorze xelins — menos de um dólar hoje. Somente nos anos 1960 seu legado veio a se tornar uma força para competir com as tradições ocultistas ocidentais.

VER TAMBÉM: "A Ordem Hermética da Aurora Dourada" (1887).

O Sol e outras cartas do baralho de tarô Rider-Waite, criado por Pamela "Pixie" Colman Smith e Arthur Edward Waite, em 1910.

TARÔ RIDER-WAITE

1910

De certo modo, eles haviam sido feitos um para o outro. Pamela "Pixie" Colman Smith (1878-1951) era uma talentosa artista americana interessada em ocultismo; Arthur Edward Waite (1857-1942) havia estudado o ocultismo durante boa parte de sua vida e buscava um artista para criar um inovador baralho de tarô. Eles se conheceram por meio da Ordem Hermética da Aurora Dourada, à qual ambos pertenciam. Em 1909, quando a Aurora Dourada havia se desintegrado e Waite era diretor de um dos ramos sobreviventes, a dupla começou a trabalhar no projeto — Waite fornecia o conteúdo relativo aos símbolos, e Smith lidava com todas as demais questões estéticas.

Em sua pesquisa para o baralho, Waite descobriu uma versão do século XV — o tarô Sola-Busca — na qual as cartas dos quatro naipes, assim como os trunfos, tinham seus próprios conjuntos complexos de símbolos. O novo baralho de tarô adotou a mesma abordagem. Waite recorreu ao seu extenso conhecimento de simbolismo mágico e aos ensinamentos da Aurora Dourada acerca do tarô para garantir a cada carta uma imagem memorável; já Smith pintava os desenhos em um estilo vívido e imediatamente reconhecível, baseado em seus conhecimentos do movimento simbolista. O baralho foi produzido pela empresa Rider & Co. em 1910, com o nome de Rider-Waite.

Waite continuou a ser uma figura influente no meio ocultista britânico até sua morte, em 1942. Smith viveu até 1951, mas na época em que pintou as cartas já estava perdendo o interesse no ocultismo. Em 1911, converteu-se ao catolicismo. Viveu o restante da vida em relativa pobreza; ela mal conseguia se sustentar ilustrando livros, vendendo gravuras e pinturas e atuando como contadora de histórias profissional. Somente nos anos 1970, quando o ocultismo se tornou novamente popular no mundo ocidental, o Rider-Waite assumiu seu lugar como o mais bem-sucedido e influente baralho de tarô do século XX.

VER TAMBÉM: "Origem do tarô" (1418), "O tarô no Egito" (1781), "Divinação pelo tarô" (1783), "A Ordem Hermética da Aurora Dourada" (1887).

Foto em grupo diante da Universidade Clark, em Worcester, Massachusetts, em 1909: à frente, Sigmund Freud, G. Stanley Hall, Carl Jung; atrás, Abraham A. Brill, Ernest Jones, Sándor Ferenczi.

JUNG X FREUD

1912

Nos primeiros anos do século XX, as pesquisas de Sigmund Freud (1856-1939) sobre o inconsciente desencadearam uma revolução na psicologia, ao estabelecerem conexões entre desejos sexuais reprimidos e doenças mentais, contribuindo para despedaçar o que ainda restava da moral vitoriana. Entre os aliados mais próximos de Freud no novo movimento psicanalítico estava o psiquiatra suíço Carl Jung (1875-1961). Em 1912, no entanto, Jung rompeu com Freud, por rejeitar elementos importantes das teorias de seu colega mais velho.

O ponto central da disputa era o papel do sexo no inconsciente. Para Freud, tudo sob a superfície da consciência era dominado pela sexualidade, e tudo o que vinha do inconsciente — sonhos, sintomas de neurose, atos falhos e outros — tinha suas origens ligadas a desejos eróticos que foram reprimidos na infância. Porém, conforme estudava os próprios sonhos, Jung se deparou com coisas que nada tinham a ver com sexo, mas refletiam temas que ele reconhecia de livros que havia lido sobre os antigos gnósticos e sobre as lições da alquimia.

Jung passou a estudar a conexão entre o inconsciente e o oculto e descobriu vários casos de símbolos místicos que surgiram em sonhos de pessoas que jamais os viram despertas. Ele passou a acreditar que, sob as memórias reprimidas da vida individual, existe um inconsciente coletivo pleno de imagens arcaicas que aparecem em mitos, lendas e tradições do ocultismo. Ao trazer essas imagens para a consciência, é possível atingir a individuação: um estado de equilíbrio psicológico e completude acima da sanidade comum, da mesma forma como abaixo desta estão as condições neuróticas.

Tudo isso era música aos ouvidos dos ocultistas, que viram em Jung uma alma gêmea. Durante a maior parte do século XX, em consequência, a psicologia de Jung foi uma importante ferramenta para os ocultistas que queriam tornar suas doutrinas antigas compreensíveis para uma audiência contemporânea.

VER TAMBÉM: "Astrologia da Personalidade" (1936).

Retrato de Rudolf Steiner, *c.* 1891 ou 1892, por Otto Fröhlich.

SOCIEDADE ANTROPOSÓFICA

1913

Rudolf Steiner (1861-1925) era uma das estrelas em ascensão da vida acadêmica europeia. Embora fosse editor de uma revista literária de prestígio na Alemanha e autor de vários livros de filosofia, seus pensamentos sempre retornavam para a teosofia, que ele havia estudado na universidade, e para a magia popular que aprendera com o velho herbolário Felix Kogutski. Steiner começou a frequentar reuniões da Sociedade Teosófica em Berlim, cujos membros ficaram tão impressionados com seu conhecimento do ocultismo que logo lhe pediram que ministrasse palestras. Tais conferências garantiram a ele uma reputação em todo o continente; em 1912, Steiner foi eleito presidente da seção alemã da Sociedade Teosófica.

A teosofia estava em turbulência naquela época, pois sua líder, Annie Besant (1847-1933), vinha conduzindo o grupo em direções cada vez mais extravagantes. Em 1912, quando Besant anunciou que um garoto indiano chamado Jiddu Krishnamurti era o messias, Steiner abandonou a sociedade, revoltado. Quase todos os membros alemães deixaram o grupo também. No início do ano seguinte, a maior parte deles se juntou a Steiner para fundar uma nova organização, a Sociedade Antroposófica.

A antroposofia adotou os volumosos escritos de Steiner no lugar da obra *A Doutrina Secreta*, mas manteve a missão teosófica de proporcionar ao público instrução sobre o ocultismo. Nas mãos de Steiner, entretanto, o ocultismo — ou ciência espiritual, como ele o chamava — assumiu uma dimensão prática que poucas vezes tivera antes. O método biodinâmico de agricultura e horticultura orgânicas, um inovador sistema educacional concretizado nas escolas Waldorf, as novas abordagens na arte e na arquitetura; tudo isso fluiu a partir da ativa produção escrita de Steiner ou tomou forma nas centenas de palestras que ele deu por toda a Europa. A sede internacional em Dornach, na Suíça, fundada em 1921, tornou-se o cérebro do novo movimento. Ainda que Steiner tenha morrido em 1925, a Sociedade Antroposófica se reorganizou e continua a ser uma presença ativa no ocultismo.

VER TAMBÉM: "A Sociedade Teosófica" (1875), "Fim da Ordem da Estrela do Oriente" (1929).

Fotografia de Evangeline Adams, tirada em 1912 por Arnold Genthe (1869-1942).

ABSOLVIDA POR PREVER O FUTURO

1914

QUANDO VISITOU NOVA YORK NO fim do inverno de 1899, Evangeline Adams (1868-1932) já era uma astróloga bastante conhecida, e o dono do hotel onde ela planejava ficar se entusiasmou e logo lhe forneceu sua própria data de nascimento. Adams calculou o mapa astral dele e avançou até aquele ano, mas ficou tão perturbada com o que viu que foi para outro hotel. O mapa previa um desastre — uma previsão que se cumpriu no dia seguinte, quando o hotel foi destruído por um incêndio.

A notícia se espalhou, e, em 1905, Adams tinha tantos clientes na cidade de Nova York que acabou se mudando para lá e alugou um estúdio no Carnegie Hall para oferecer consultas. Não demorou para que sua clientela passasse a contar com algumas das pessoas mais ricas e influentes de Nova York, entre elas o lendário banqueiro J.P. Morgan. Ao ser criticado por seu interesse em astrologia, conta-se que Morgan teria respondido: "Os milionários não usam a astrologia. Os bilionários, sim".

Contudo, pelas leis do estado de Nova York, a astrologia era considerada leitura da sorte, sendo assim uma contravenção. Em 1914, apesar de ter amigos ricos e influentes, Adams sofreu um processo por divinação. A fim de se defender, pediu ao juiz que lhe desse a data de nascimento de alguém que apenas ele conhecesse, depois calculou e interpretou o mapa astral dessa pessoa em plena corte. A leitura que ela fez era uma descrição acurada da personalidade do filho do juiz. Impressionado, ele afirmou que Adams havia elevado a astrologia ao nível de uma ciência exata e determinou que a atividade já não poderia ser enquadrada como divinação.

Levou anos para que decisões semelhantes fossem tomadas em outras jurisdições, mas, de maneira geral, a opinião pública havia mudado. Em meados do século XX, os astrólogos já podiam praticar sua arte na maior parte do Ocidente sem serem perturbados.

VER TAMBÉM: "Origem dos horóscopos" (fim do século V AEC), "Coroação com ajuda dos astros" (1559), "Palavras mágicas ao papa" (1628), "Astrologia Cristã" (1647), "Astrologia da Personalidade" (1936).

201

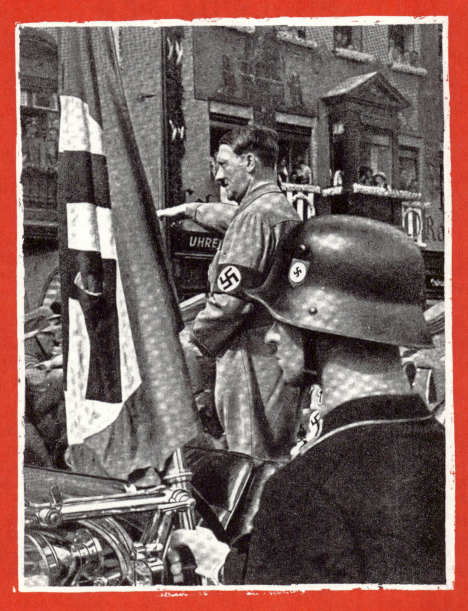

A Sociedade Thule fundou o Deutsche Arbeiterpartei (Partido dos Trabalhadores Alemães), cujo membro mais famoso, e eventual líder, foi Adolf Hitler. Aqui, Hitler discursa em um comício do Partido Nazista em Nuremberg, em 1923, no início de sua ascensão ao poder.

SOCIEDADE THULE

1917

Antes e durante a Primeira Guerra Mundial, havia outras sociedades como esta na Alemanha, mas nenhuma teve um impacto tão dramático na política da época — nem gerou um fruto tão abominável. Começou como uma filial de uma sociedade secreta nacionalista alemã, a Germanenorden (Ordem Germânica), na Baviera, mas assumiu outro nome — Thule-Gesellschaft, ou Sociedade Thule — para encobrir sua conexão com o grupo mais antigo. Assim como a Germanenorden, esse novo grupo divulgava uma mistura explosiva de ocultismo racista da ariosofia e política de extrema-direita.

A Sociedade Thule existia havia pouco mais de um ano quando a Primeira Guerra Mundial chegou ao fim e o Império Alemão entrou em colapso. No caos que se seguiu, um regime comunista assumiu o poder na Baviera por um breve espaço de tempo. A Sociedade Thule apoiou a reação conservadora, organizando uma extensa unidade miliciana e assumindo um papel central na coordenação da contrarrevolução que derrubou a República Soviética da Baviera em maio de 1919.

Muito mais importante a longo prazo, entretanto, foi a decisão da Sociedade Thule de fundar um grupo político a fim de atrair membros da classe operária. De início, o Deutsche Arbeiterpartei (Partido dos Trabalhadores Alemães) não fez grandes progressos. Uma noite, porém, um jovem veterano de guerra austríaco, que servira com distinção no Exército Imperial Alemão, foi a uma das reuniões e decidiu se juntar ao partido, do qual mais tarde se tornou o líder, mudando seu nome para Nationalsozialistische Deutsche Arbeiterpartei, ou, como depois ficou conhecido, o Partido Nazista. Esse líder, claro, era Adolf Hitler.

No início dos anos 1920, à medida que o partido se tornava um movimento de massa e uma grande força na política alemã, os membros da Sociedade Thule ajudaram Hitler de várias formas. Em 1925, a sociedade se desfez de maneira discreta, deixando o campo livre para seu monstruoso fruto.

VER TAMBÉM: "Raízes ocultas do nazismo" (1902).

	PAGE
PREFACE	5
INTRODUCTION	9
I. CONTINUITY OF THE RELIGION	19
II. THE GOD	28
1. As God	28
2. As a Human Being	31
3. Identification	47
4. As an Animal	60
III. ADMISSION CEREMONIES	71
1. General	71
2. The Introduction	76
3. The Renunciation and Vows	77
4. The Covenant	79
5. The Baptism	82
6. The Mark	86
IV. THE ASSEMBLIES	97
1. The Sabbath. Method of going. The site. The date. The hour	97
2. The Esbat. Business. The site. The time	112
V. THE RITES	124
1. General	124
2. Homage	126
3. The Dances	130
4. The Music	135
5. The Feast	138
6. Candles	144
7. The Sacrament	148
8. Sacrifices: Of animals. Of children. Of the God	152
9. Magic Words	162

CONTENTS

	PAGE
VI. THE RITES, *continued*	169
1. General	169
2. Rain-making	172
3. Fertility	173
VII. THE ORGANIZATION	186
1. The Officer	186
2. The Covens	190
3. Duties	194
4. Discipline	197
VIII. THE FAMILIARS AND TRANSFORMATION	205
1. The Divining Familiar	205
2. The Domestic Familiar	208
3. Methods of obtaining Familiars	222
4. Transformations into Animals	230
APPENDIX I.	
Fairies and Witches	238
APPENDIX II.	
Trial of Silvain Nevillon. Taken from De Lancre's *L'Incrédulité et Méscréance*	246

Sumário da obra *O Culto das Bruxas na Europa Ocidental*, de Margaret Murray, que inclui temas como sacrifício animal, palavras mágicas e unguentos voadores.

CULTO DAS BRUXAS NA EUROPA OCIDENTAL

1921

É DIFÍCIL ESTUDAR O ANTIGO EGITO quando se está encalhada na Inglaterra; esse foi o dilema de Margaret Murray (1863-1963) no momento em que irrompeu a Primeira Guerra Mundial, em 1914. A arqueóloga planejava ir ao Egito para uma nova série de escavações; impossibilitada de seguir seus planos por causa da guerra, estudou os registros de feitiçaria medieval até que o conflito acabasse.

Em 1890, Sir James Frazer (1854-1941) publicara a obra *O Ramo de Ouro*, na qual argumentava que muitos mitos e rituais antigos se originavam de uma arcaica religião de fertilidade. Murray havia lido Frazer e se convenceu de que as perseguições às bruxas destruíram uma religião de fertilidade exatamente igual à que ele descrevera. Ela argumentava que, quando a Europa se tornou cristã durante a Idade das Trevas, a maior parte da população rural manteve sua antiga religião, até esta ser extinta por três séculos de perseguição violenta.

Quando a Primeira Guerra Mundial chegou ao fim, em 1918, Murray já estava trabalhando em um livro sobre o assunto, *O Culto das Bruxas na Europa Ocidental*, que foi publicado em 1921. Seguiram-se dois outros livros: *O Deus das Feiticeiras*, em 1931, e *The Divine King in England* [O Rei Divino na Inglaterra], em 1954. Na época em que este último foi publicado, muitos historiadores já aceitavam a teoria de Murray.

Foi somente depois de sua morte, em 1963, quando uma nova geração de historiadores comparou a obra de Murray com os verdadeiros registros, que descobriram que ela havia manipulado descaradamente os dados, tirando tudo que invalidasse sua teoria e tratando detalhes observados em um ou dois casos como se fossem universais. Os acadêmicos hoje estão de acordo em que o culto de fertilidade medieval elaborado por Murray nunca existiu. Nesse meio-tempo, no entanto, a teoria dela finalizou o processo de estabelecimento das bases para a ascensão de uma nova religião, a wicca.

VER TAMBÉM: "Retratos da feitiçaria" (1862), "O evangelho das bruxas" (1899), "Bruxaria de Gardner" (1954), "Wicca: magia para todos" (1979).

205

As colinas Malvern, nos condados ingleses de Worcestershire, Herefordshire e norte de Gloucestershire. Alfred Watkins acreditava que uma linha ley passava ao longo do cume dessas colinas.

AS LINHAS LEY

1922

O CONDADO DE HEREFORDSHIRE, na Inglaterra, era verde, intocado e trazia as marcas de eras passadas quando Alfred Watkins (1855-1935) explorou o local nos anos 1920. Ele trabalhava em uma cervejaria local e ia de fazenda em fazenda para comprar cevada e lúpulo, locomovendo-se a cavalo. Em uma tarde de verão, enquanto cavalgava pelas colinas de Bredwardine, ele parou no topo de um monte mais elevado e notou algo surpreendente. À sua frente, as relíquias da pré-história britânica na paisagem de Herefordshire — menires, cemitérios, fontes sagradas, estradas de uma época esquecida, e outros — pareciam formar linhas retas. Ao traçar essas linhas nos mapas, ele confirmou sua impressão: em alguns casos, dezenas de sítios antigos formavam linhas retas na paisagem. Vendo que as linhas no mapa frequentemente passavam por lugares cujos nomes tinham a sílaba *ley*, Watkins as batizou de linhas ley (essa sílaba, em inglês, equivale a *lea*, que significa "prado").

Seu primeiro e mais famoso livro sobre o assunto, *The Old Straight Track* [A antiga senda reta] sugeria que as linhas ley eram fragmentos de um antigo sistema de navegação terrestre. Em tempos pré-históricos, comerciantes e peregrinos precisavam se orientar durante suas viagens e as linhas ley cumpririam essa função ao fornecer marcos visíveis a serem seguidos pelos viajantes. Quando suas ideias foram rejeitadas pelas autoridades arqueológicas da época, Watkins organizou uma sociedade, o Straight Track Postal Club, para pesquisar sobre essas linhas.

Os membros do clube suspeitavam que havia mais do que um simples sistema de navegação terrestre por trás do sistema de linhas ley. Relatos de estranhos fenômenos relacionados às linhas ocuparam a maior parte da correspondência do clube em seus últimos anos. A turbulência da Segunda Guerra Mundial, no entanto, colocou fim a essa sociedade, e foi somente nos anos 1960 que outros pesquisadores assumiram os rastros deixados por Watkins.

VER TAMBÉM: "Livros de bolso ocultistas" (1969).

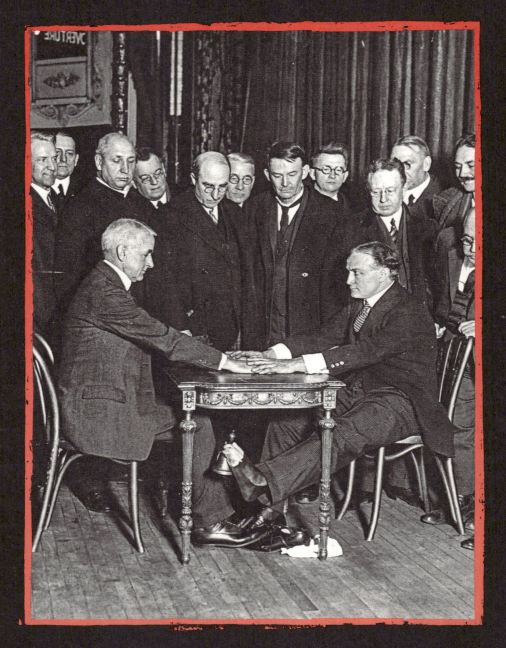

No palco do Hippodrome de Nova York, *c.* 1925, Houdini expõe técnicas usadas por médiuns fraudulentos a um grupo de clérigos da cidade.

HOUDINI X FALSOS MÉDIUNS

1924

Nos anos 1920, o espiritualismo havia se tornado parte do cenário religioso por todo o Ocidente. Igrejas espiritualistas podiam ser encontradas em quase todas as cidades, e ainda havia áreas turísticas que buscavam lucrar com o espiritualismo, atraindo centenas de fiéis para eventos de verão que combinavam sessões mediúnicas e divertimento. Os médiuns mais bem-sucedidos afirmavam que os espíritos com os quais se comunicavam podiam tocar sinos a distância, escrever mensagens em lousas trancadas em caixas e até revelar mãos e outras partes do corpo feitas de uma substância chamada ectoplasma. O problema era que muitas dessas reivindicações se baseavam em fraudes absolutas.

Em 1924, um comitê do Instituto Smithsoniano, chamado para investigar a famosa médium Mina Crandon (1888-1941), convidou Harry Houdini (1874-1926) para participar da investigação. O nome verdadeiro de Houdini era Erik Weisz, e ele era um dos mais famosos mágicos e artistas da fuga dos Estados Unidos, célebre por sua habilidade em se livrar de algemas, camisas de força e até barreiras mais elaboradas. Ele aceitou o convite com entusiasmo e foi a Boston com o grupo para observar Crandon em ação.

Houdini se convenceu de que se tratava de uma cuidadosa impostora, que usava truques de palco para simular as comunicações com espíritos e afastava críticas com certo investimento pessoal — Crandon comandava sessões nua e teve casos tórridos com vários investigadores que estavam no seu rastro.

Ao contrário de outros céticos, Houdini não se contentou em colocar suas objeções em um relatório. Em vez disso, ele entrou no circuito do *vaudeville*, realizando apresentações nas quais demonstrava exatamente como os falsos médiuns faziam seus supostos milagres. Sua campanha para expor médiuns fraudulentos teve enorme sucesso e, somada às crescentes e severas críticas da mídia, ajudou a transformar o espiritualismo de um movimento de massa em um fenômeno marginal.

VER TAMBÉM: "Nascimento do espiritualismo" (1848).

Fonte no Museu Egípcio do Parque Rosa-Cruz, em San José, Califórnia, a sede da Grande Loja Maçônica Inglesa para as Américas da Antiga e Mística Ordem Rosae Crucis (AMORC). Seu fundador, Harvey Spencer Lewis, dizia que as raízes da ordem vinham do antigo Egito.

A "GUERRA DAS ROSAS"

1925

Entre as duas guerras mundiais, os Estados Unidos eram um caldeirão fervente de ocultismo, no qual centenas de diferentes tradições, escolas, ordens, casas e outros grupos vendiam seus ensinamentos a um público ávido. Essas organizações, em sua maioria, toleravam umas às outras, mas havia exceções; uma das mais pitorescas foi a grande disputa entre as duas maiores ordens rosa-cruzes americanas — a "Guerra das Rosas".

Os problemas começaram em 1925, quando um negociante e ocultista de Nova York chamado Harvey Spencer Lewis (1883-1939) fundou a Antiga e Mística Ordem Rosae Crucis (AMORC), que proclamava ser a única e original herdeira dos rosa-cruzes. Isso provocou a imediata contestação de R. Swinburne Clymer (1878-1966), o diretor da Fraternitas Rosae Crucis (FRC), que já havia reclamado a mesma herança. Daquele momento até a morte de Lewis, as duas ordens passaram a trocar ofensas e a insistir que a outra era fraudulenta.

Mas a AMORC e a FRC não eram as únicas a reivindicar o manto dos rosa-cruzes nos Estados Unidos naquela época. A Fraternidade Rosa-Cruz, de Max Heindel (1865-1919), fundada em 1907, e a Societas Rosicruciana in America (SRIA), também fundada em 1907 por Sylvester Gould (1840-1909) e George Winslow Plummer (1876-1944), ficaram fora da disputa, mas mesmo assim rebatiam as denúncias dos combatentes de tempos em tempos. Em suma, era uma época confusa para ser um rosa-cruz.

Um dos fatores que tornavam a disputa tão acalorada era que as quatro organizações praticavam o ensino remoto. Era a época de ouro dos cursos por correspondência, quando milhões de estudantes por todo o mundo se matriculavam para receber pelo correio aulas sobre inúmeros assuntos — entre os quais o ocultismo —, e as quatro ordens rosa-cruzes disputavam o mesmo mercado. Essas ordens ainda existem e continuam oferecendo seus cursos por correspondência; já as hostilidades, felizmente, ficaram no passado.

VER TAMBÉM: "O primeiro manifesto rosa-cruz" (1614), "Rosa-Cruz na Pensilvânia" (1694).

ENIGMA FULCANELLI

1926

Paris, entre as duas guerras mundiais, era um viveiro de estudos sobre alquimia e outros temas relacionados ao ocultismo. Nas livrarias e cafés onde os ocultistas se reuniam, circulavam rumores sobre alguém que não seria apenas um estudante de alquimia, mas um iniciado que teria produzido a pedra filosofal. Ninguém sabia onde ele havia obtido seus conhecimentos; a única informação que se tinha dele era seu nome: Fulcanelli.

Quase tudo o que se sabia sobre ele vinha das páginas de dois livros extraordinários. O mais importante deles era *O Mistério das Catedrais* (do original *Le mystère des cathédrales*), publicado em 1926; sua continuação, *As Moradas dos Filósofos (Les demeures philosophales)*, veio à luz em 1930. Ambos interpretavam a arquitetura de certas construções medievais como um guia para a Grande Obra alquímica, demonstrando nesse processo um enorme conhecimento da literatura sobre o tema e um confiante domínio de todos os detalhes da teoria e da prática da alquimia.

Somente em 1996 é que o mistério foi enfim desenredado. Naquele ano, a escritora e alquimista francesa Geneviève Dubois mostrou que "Fulcanelli" era um personagem múltiplo. O esboço original da obra *O Mistério das Catedrais* havia sido escrito pelo famoso acadêmico ocultista René Schwaller de Lubicz (1887-1961), sendo depois expandido e revisado, sem que ele soubesse, por dois outros alquimistas, Jean-Julien Champagne (1877-1932) e Pierre Dujols (1862-1926); já a obra *As Moradas dos Filósofos* fora escrita inteiramente por estes dois últimos. As brilhantes ideias contidas nos livros eram, dessa maneira, produto de três das melhores mentes do renascimento da alquimia na França do século XX.

Outro enigma, no entanto, permanece. Até o fim de sua vida, Schwaller de Lubicz insistiu em afirmar que Jean-Julien Champagne havia realmente fabricado a pedra filosofal e transformado metais comuns em ouro. Teria Champagne realmente realizado a Grande Obra? Até hoje, ninguém sabe.

VER TAMBÉM: "A pedra filosofal" (1382).

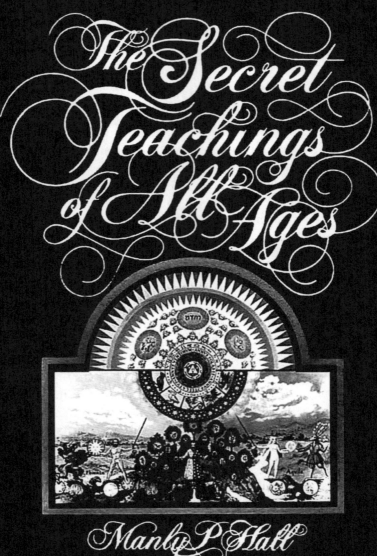

Capa de uma edição de 1978 do livro *The Secret Teachings of All Ages*, de Manly Palmer Hall, publicado originalmente em 1928.

OCULTISMO EM TURNÊ

1928

Manly Palmer Hall (1901-1990) tinha apenas dezoito anos quando pegou o trem em Sioux Falls, na Dakota do Sul. Alguns dias depois chegou a Oceanside, na Califórnia, onde ficava a sede da Fraternidade Rosa-Cruz. Ele logo se mudou para Los Angeles, onde encontrou trabalho como roteirista e começou a dar palestras sobre filosofia ocultista. O trabalho de roteirista foi posto de lado à medida que suas conferências sobre ocultismo atraíam audiências maiores. Apesar da idade, Hall tinha um conhecimento enciclopédico de ocultismo e uma persuasiva presença de palco. Em 1923, ele se tornou pastor da Igreja do Povo, uma congregação metafísica de Los Angeles, e seus sermões dominicais eram considerados eventos imperdíveis.

Um ano antes, ele havia começado a escrever o livro que viria a ser sua obra-prima. Custeado por um grupo de apoiadores abastados e ricamente ilustrado pelo artista Augustus Knapp, *The Secret Teachings of All Ages* [Os ensinamentos secretos de todos os tempos] foi publicado em 1928, com aclamação imediata. Em 1934, acompanhado de reputação internacional como um importante pensador ocultista, Hall fundou a Sociedade de Pesquisa Filosófica (PRS — Philosophical Research Society), cujo objetivo era ser uma equivalente moderna da escola de Pitágoras. Viajou pela Europa e Extremo Oriente para realizar pesquisas sobre o ocultismo, além de fazer várias turnês de conferências pelos Estados Unidos. Entre uma viagem e outra, escreveu mais de duzentos outros livros relacionados ao ocultismo, e ofereceu palestras semanais na sede da PRS até pouco antes de morrer, em 1990.

Algumas de suas obras são amplamente vistas como clássicas da literatura ocultista, mas *The Secret Teachings of All Ages* supera em muito todas as demais. O mais importante livro do reflorescimento do ocultismo na América do século XX mantém sua influência, e muitos dos ensinamentos e ideias ali apresentados permanecem em circulação, até mesmo entre pessoas que nunca abriram suas páginas.

VER TAMBÉM: "A aurora do ocultismo" (século VI AEC).

Fotografia de Jiddu Krishnamurti, cuja promoção a "Instrutor do Mundo" causou uma fissura na Sociedade Teosófica.

FIM DA ORDEM DA ESTRELA DO ORIENTE

1929

Jiddu Krishnamurti (1895-1986) percorreu um longo caminho. Filho de um empregado da Sociedade Teosófica na unidade de Adyar, na Índia, ele atraiu a atenção de Annie Besant, que se tornara líder da organização depois da morte de Blavatsky. Besant ficou convencida de que Krishnamurti era o próximo Instrutor do Mundo, uma figura do nível de Buda e Jesus, e em 1911 fundou a Ordem da Estrela do Oriente, a fim de promover essa reivindicação. Rudolf Steiner não foi o único teosofista proeminente a deixar a sociedade por causa das afirmações cada vez mais excêntricas de Besant; duas organizações teosóficas rivais e também a Sociedade Antroposófica de Steiner acolheram alguns desses indivíduos, e uma variedade de grupos ocultistas atraíram outros, mas a Ordem da Estrela do Oriente prosperou, arrebanhando mais de 100 mil membros.

Em 1929, Besant decidiu que era hora de o messias dar início a seu sacerdócio público, por isso foi convocada uma enorme assembleia dos membros da ordem em Ommen, na Holanda. Lá, no dia 3 de agosto, Krishnamurti subiu no palco a céu aberto, examinou os milhares de adoradores à sua frente e, nos minutos seguintes, destruiu para sempre os sonhos de Besant. "A verdade é uma terra em que não existem caminhos trilhados", disse ele aos ouvintes, e nenhum Instrutor do Mundo nem qualquer outra pessoa poderia guiá-los por ela. Inclusive, ele negou ser o Instrutor do Mundo e, ao término de seu discurso, dissolveu a Ordem da Estrela do Oriente. Krishnamurti seguiu em frente e teve uma longa carreira como professor de filosofia espiritual, mas a Sociedade Teosófica praticamente não sobreviveu ao fiasco — assim como o espiritualismo, ela havia investido boa parte de sua credibilidade em apostas fracassadas e acabou reduzida a uma fração ínfima de seu tamanho e influência originais. Dessa maneira, outras organizações ocultistas conquistaram destaque em seu lugar.

VER TAMBÉM: "A Sociedade Teosófica" (1875), "Sociedade Antroposófica" (1913).

Túmulo de Dion Fortune (nascida Violet Firth), em Glastonbury, no condado de Somerset, Inglaterra.

A MAGIA DA AURORA DOURADA

1935

Nascida e criada em uma família inglesa de classe média cujo único desvio da total respeitabilidade era o interesse em ciência cristã, Violet Firth (1890-1946) publicou dois livrinhos de poemas convencionalmente românticos em sua adolescência. Um colapso nervoso pôs fim a dois anos de estudo na faculdade de agronomia, em 1913. Depois disso estudou psicologia, qualificando-se como terapeuta freudiana leiga, e também ocultismo, unindo-se à Sociedade Teosófica. Em 1919, conheceu seu mais importante professor de ocultismo, o dr. Theodore Moriarty (1873-1923), que a iniciou em um ramo da Maçonaria ligado à magia. Naquele mesmo ano, foi iniciada em um dos fragmentos da Ordem Hermética da Aurora Dourada, assumindo o nome de Deo Non Fortuna; mais tarde, ela o transformou no pseudônimo pelo qual é mais conhecida, Dion Fortune.

Depois da morte de Moriarty, Firth decidiu que estava pronta para começar a dar aulas, já que vinha desenvolvendo seu próprio sistema de sabedoria ocultista. Com cinco outros ocultistas do círculo de Moriarty, ela fundou uma ordem de magia, a Fraternidade da Luz Interior, com ensinamentos que bebiam tanto da fonte de seu antigo professor como da Aurora Dourada. Em 1928, Firth deu início à carreira de escritora com um romance de tema ocultista, *Paixão Diabólica*.

Seu livro mais importante, no entanto, foi *A Cabala Mística*, publicado em 1935, onde expôs em detalhes todas as bases filosóficas e simbólicas da magia da Aurora Dourada. Este e os livros posteriores se tornaram leitura obrigatória na maior parte das escolas ocultistas na segunda metade do século XX. Nesse meio-tempo, antes de sua morte, em 1946, ela treinou toda uma geração de ocultistas britânicos, cujos artigos e ensinamentos ajudaram a alimentar a rápida expansão do ocultismo que teve início nos anos 1970. Sua ordem, rebatizada de Sociedade da Luz Interior, permanece ativa, assim como várias ordens fundadas por seus pupilos.

VER TAMBÉM: "A Ordem Hermética da Aurora Dourada" (1887).

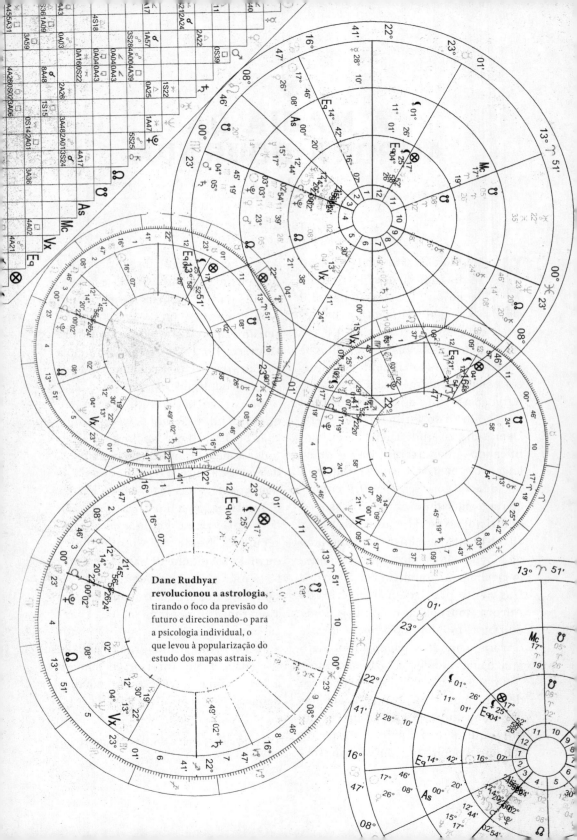

Dane Rudhyar revolucionou a astrologia, tirando o foco da previsão do futuro e direcionando-o para a psicologia individual, o que levou à popularização do estudo dos mapas astrais.

ASTROLOGIA DA PERSONALIDADE

1936

Nascido em uma família rica de Paris, Daniel Chennevière (1895-1985) era uma criança prodígio que se formou na universidade aos dezesseis anos, publicou seu primeiro livro dois anos depois e logo se tornou conhecido como um compositor de vanguarda. A saúde debilitada o tirou das trincheiras da Primeira Guerra Mundial; ele então emigrou para os Estados Unidos, onde compôs as trilhas sonoras de vários filmes dos primeiros anos de Hollywood e teve participação significativa na área da música clássica. Foi na chegada à América que ele mudou seu nome para Dane Rudhyar.

Em 1931, ele foi para o Novo México, parou de compor música e mergulhou no estudo do ocultismo, dedicando atenção especial à astrologia. A abordagem tradicional do tema, no entanto, deixou-o insatisfeito; mais que em prever o futuro, seu interesse estava mesmo na compreensão da personalidade por meio das estrelas, fundindo a tradição astrológica e as ideias da psicologia e filosofia modernas. Por volta de 1933, ele começou a escrever artigos para periódicos de astrologia, explorando sua nova visão sobre o assunto, e, em 1936, publicou sua obra-prima, *Astrologia da Personalidade*, que foi um sucesso imediato.

Nos anos seguintes, a abordagem de Rudhyar veio a ser a mais influente no revivescimento da astrologia, valendo-se da mesma fascinação diante da personalidade individual que tornara best-sellers os livros de Carl Jung e de outros psicólogos. Rudhyar ainda escreveu mais de uma dezena de livros sobre astrologia, e outros astrólogos influenciados por seu trabalho levaram essa mesma abordagem mais além. Nesse processo, a astrologia natal — o estudo de mapas individuais de nascimento — tornou-se bem mais central à prática astrológica do que jamais fora, e muitos outros ramos da astrologia foram negligenciados. Mais de meio século se passaria até que o pêndulo começasse a balançar para o outro lado.

VER TAMBÉM: "Origem dos horóscopos" (fim do século V AEC), "Astrologia Cristã" (1647).

Capa da edição de outubro de 1954 da revista *Fate*, fundada por Raymond Palmer após abandonar o comando da *Amazing Stories*, da editora Ziff Davis.

REVISTA FATE

1948

DEPOIS DE UM ACIDENTE NA INFÂN-cia que o deixou com sequelas físicas pelo restante da vida, Raymond Palmer (1910-1977) encontrou alívio no mundo dos fanáticos por ficção científica. Transformou-se de fã em profissional em 1938, quando a editora Ziff Davis o contratou para editar a clássica revista de ficção científica *Amazing Stories*. O faro infalível de Palmer para o mais baixo denominador comum do gosto literário rapidamente lotou a *Amazing Stories* de contos lúgubres e intercambiáveis, os quais traziam heróis espaciais musculosos, donzelas atraentes e monstros com tentáculos; os críticos zombavam, mas as vendas bombavam.

Palmer também se interessava por ocultismo e começou a introduzir contos e artigos com temas ocultistas na revista, a fim de encher espaço quando o suprimento de novelas espaciais estava em baixa. As vendas continuaram a aumentar. Em 1945, a *Amazing Stories* dedicava mais espaço ao ocultismo do que à ficção científica propriamente dita, para o deleite dos leitores. No entanto, em 1948, seus chefes na Ziff Davis lhe pediram para abandonar as coisas esquisitas e devolver à revista o foco em espaçonaves, armas que disparam raios e mundos alienígenas.

Palmer largou o comando da *Amazing Stories* e criou sua própria revista, que recebeu o título de *Fate*, dedicada a "histórias verdadeiras sobre o estranho, o inusitado e o desconhecido". Pela primeira vez na história recente, as realidades paralelas ganharam voz; em meio a artigos sobre visão de discos voadores e contos sobre os sinistros Deros, que supostamente habitavam um mundo de túneis no subterrâneo profundo, muita sabedoria ocultista era disseminada na revista. Enquanto isso, os classificados da *Fate* se tornavam um importante espaço publicitário para as escolas americanas de ocultismo.

Ao longo dos anos seguintes, a mistura de ensinamentos ocultistas e outras formas rejeitadas de sabedoria que a revista trazia seguiu atraindo seguidores. Esse grupo acabou formando o movimento New Age.

VER TAMBÉM: "O fim dos tempos em 2012" (2012).

Witchcraft Today

by **GERALD B GARDNER**
Introduction by Dr. Margaret Murray

BRUXARIA DE GARDNER

1954

Gerald Gardner (1884-1964) já passava dos cinquenta anos de idade quando voltou para a Grã-Bretanha em 1936, depois de uma carreira na administração colonial em Bornéu e na Malásia, para se estabelecer em New Forest, ao sul de Londres. Nos anos seguintes, tornou-se naturista, entrou para a Sociedade Folclórica, estudou magia com Aleister Crowley — quando a Grande Besta já estava no fim da vida — e fez vários outros contatos no meio ocultista britânico. Apesar da polêmica que o cercava, todos os lados concordavam sobre esses fatos.

No centro dessa polêmica residia sua afirmação de que, durante aquele período, havia sido iniciado em um coletivo de bruxas que se escondia em New Forest desde a Idade Média. Segundo Gardner, o grupo lhe ensinou sua antiga religião, wica (mais tarde renomeada wicca), uma fé pagã que defendia a vida e a saúde, cujos membros a praticavam por meio de magia e divinação. Seus livros sobre o assunto — *A Bruxaria Hoje*, publicado em 1954, e *O Significado da Bruxaria*, publicado em 1959 — afirmavam apresentar tantas tradições da wicca quantas fossem possíveis a pessoas não membros, acabando por encontrar muitos leitores entusiasmados.

Os críticos apontavam a total falta de provas da existência da wicca antes que Gardner começasse a escrever sobre o tema, e observaram a conexão mais do que direta entre as afirmações dele e as de sua colega da Sociedade Folclórica, Margaret Murray. Nada disso teve qualquer impacto na popularidade da wicca. Nas décadas seguintes, coletivos de wicca se espalharam pelos países de língua inglesa, bem como em algumas partes da Europa. Alguns deles foram fundados por pessoas que haviam estudado com Gardner e seus discípulos, mas muitos outros foram criados por pessoas que afirmavam, honestamente ou não, ter sido iniciadas na bruxaria por outros meios. Todos esses coletivos ajudaram a lançar as bases do potente renascimento do ocultismo nas últimas décadas do século XX.

VER TAMBÉM: "Retratos da feitiçaria" (1862), "O evangelho das bruxas" (1899), "Culto das bruxas na Europa Ocidental" (1921), "Wicca: magia para todos" (1979).

Os espagíricos, ou remédios alquímicos à base de ervas,
são feitos por meio de processos alquímicos que envolvem destilação,
fermentação e extração de minerais a partir de plantas.

ALQUIMIA NA MODERNIDADE

1960

ALBERT REIDEL (1911-1984) nasceu em Dresden, na Alemanha, e cresceu no florescente meio ocultista do país no entreguerras. Ele tinha especial interesse na alquimia e, naqueles anos, se reuniu com muitos alquimistas alemães e franceses, inclusive o misterioso Fulcanelli. À medida que as nuvens da guerra se formavam sobre a Europa, ele emigrou para a Califórnia, onde logo se envolveu com a Antiga e Mística Ordem Rosae Crucis (AMORC). Durante a Segunda Guerra Mundial, fez cursos sobre alquimia prática na sede da AMORC em San José.

Embora mais tarde tenha se mudado para Salt Lake City, no Utah, ele prosseguiu com seus estudos de alquimia. Em 1960, fundou uma escola chamada Sociedade de Pesquisa Paracelso (PRS — Paracelsus Research Society), inspirada no famoso alquimista e curandeiro, e publicou *The Alchemist's Handbook* [O manual do alquimista], a primeira introdução amplamente disponível para a prática alquímica de laboratório. Frater Albertus, como ele preferia ser chamado, fez dos espagíricos — remédios alquímicos à base de ervas — elementos cruciais no currículo da PRS e incluiu instruções básicas sobre vários desses medicamentos em sua obra. Tanto a escola como o livro apareceram no momento certo: os remédios herbáceos começavam a viver uma nova onda de popularidade em 1960, e o interesse no ocultismo estava em alta. As duas décadas seguintes viram o surgimento de uma próspera subcultura alquímica nos Estados Unidos, assim como em outras partes do Ocidente.

No início dos anos 1980, a Sociedade de Pesquisa Paracelso foi renomeada para Paracelsus College, e, apoiado pelas vendas dos medicamentos espagíricos, Frater Albertus se preparava para fundar uma verdadeira universidade, com um campus próprio repleto de prédios em estilo gótico. Sua morte, em 1984, pôs fim a essas esperanças, e o Paracelsus College fechou pouco tempo depois. Naquela época, no entanto, a alquimia já havia retomado seu lugar tradicional entre as principais disciplinas da tradição ocultista.

VER TAMBÉM: "A brilhante alquimista" (século I AEC), "Registro da alquimia" (*c*. 300), "Paracelso em Basileia" (1526); "Enigma Fulcanelli" (1926).

***The View Over Atlantis,* de John Michell**, e outras obras se concentraram em mitos antigos e espaços sagrados, como o Glastonbury Tor, mostrado aqui.

LIVROS DE BOLSO OCULTISTAS

1969

Quando os anos 1960 chegaram, quase ninguém mais se lembrava de Alfred Watkins nem das longas linhas retas que ele acreditava ter descoberto no interior da Grã-Bretanha. A turbulência cultural daquela década renovou o interesse em muitos ensinamentos já esquecidos, e dois fatores se combinaram para transformar as linhas ley de uma nota de rodapé na história da arqueologia em um poderoso ícone cultural.

O primeiro desses fatores foi um jovem escritor inglês chamado John Michell (1933-2009), que apreciava mistérios e tinha um conhecimento sólido de ocultismo. Seu primeiro livro, uma contribuição para a efervescente literatura sobre OVNIs da época, caiu no esquecimento quase absoluto, mas com sua segunda obra foi diferente. *The View Over Atlantis* [Visão sobre a Atlântida] reviveu as teorias de Watkins, combinando-as com uma inebriante mistura de preceitos ocultistas, geometria sagrada, antigos mitos e lendas, e história especulativa.

A partir dos anos 1950, as editoras descobriram que livros de bolso bem simples podiam catapultar suas vendas a níveis nunca vistos. Ao mesmo tempo, cada vez mais pessoas se sentiam desiludidas com o materialismo científico e começavam a procurar pontos de vista alternativos. Essas duas tendências se juntaram no início dos anos 1970 para provocar uma explosão dos livros de bolso com temas ligados ao ocultismo.

The View Over Atlantis, de John Michell, estava entre os títulos pioneiros dessa rápida expansão dos livros de bolso ocultistas. Publicada em 1971, a obra teve duas reimpressões no mês de seu lançamento e continuou vendendo bem por anos a fio. Michell ainda escreveu muitos outros livros sobre assuntos correlatos. Enquanto isso, as linhas ley, a geometria sagrada, os mistérios da terra e muitos outros temas ocultistas encontraram espaço na cultura popular, ajudando a dar forma ao nascente movimento New Age.

VER TAMBÉM: "A brilhante alquimista" (século I AEC), "Registro da alquimia" (c. 300), "Paracelso em Basileia" (1526), "Enigma Fulcanelli" (1926).

As velas são usadas em muitos rituais da wicca; os pentagramas simbolizam os cinco elementos, incluindo o espírito.

WICCA: MAGIA PARA TODOS

1979

Os livros foram publicados no mesmo dia — 31 de outubro de 1979 — em lados opostos dos Estados Unidos. Em Boston, a Beacon Press lançou *Drawing Down the Moon* [Atraindo a lua], de Margot Adler, um trabalho jornalístico sobre a contracultura neopagã americana; em San Francisco, a Harper lançou *Dança Cósmica das Feiticeiras*, uma introdução ao tema escrita por uma neopagã que usava o pseudônimo de Starhawk. A aparição simultânea dos dois livros marcou o amadurecimento da wicca como um fenômeno da cultura pop.

A wicca que assumiu o papel central nesses livros e nos milhares de outros que se seguiram havia mudado drasticamente desde os tempos de Gerald Gardner. O que antes fora uma tradição reservada se transformou em um movimento religioso bastante público, do qual qualquer pessoa poderia fazer parte depois de ler alguns poucos livros, e que teve boa parcela de seu conteúdo mágico substituída por coisas mais familiares, como empoderamento. Tais mudanças conquistaram imediatamente o público dos países de língua inglesa.

Durante a primeira década após a wicca ter se estabelecido como um fenômeno da cultura pop, a mitologia criada por Margaret Murray e Gerald Gardner — a afirmação de que a moderna wicca é "a Velha Religião", descendente direta dos cultos pagãos da Idade Média — foi tratada como um fato histórico pela maioria dos neopagãos. Gradualmente, no entanto, o peso das provas históricas e a publicidade negativa fizeram com que wiccanos influentes deixassem de lado essa afirmação. Por motivos semelhantes, muitos deles se afastaram do ocultismo e deram início a uma segunda reinvenção da wicca como uma religião respeitável, com um clero remunerado. Nesse meio-tempo, contudo, o fenômeno da wicca na cultura pop tornou possível que muitas outras doutrinas se tornassem públicas e atraíssem uma nova geração de estudantes, algo de que muitos ramos do ocultismo se beneficiaram.

VER TAMBÉM: "Retratos da feitiçaria" (1862), "O evangelho das bruxas" (1899), "Culto das bruxas na Europa Ocidental" (1921), "Bruxaria de Gardner" (1954).

Fotografia de Ralph Blum, de 1988, tirada por Jim Russell, do jornal *Toronto Star*.

O LIVRO DE RUNAS

1983

Na esteira dos livros de Gardner sobre a wicca, as antigas tradições pagãs da Europa se tornaram alvo de um renovado interesse em boa parte do Ocidente. Grupos druidas que descendiam da reinvenção dos ensinamentos celtas promovida por Iolo Morganwg vieram a público, assim como outros grupos que esperavam reconstruir as tradições religiosas e ocultistas dos vikings. Nesse processo, a dimensão mágica e divinatória das runas, praticamente despercebida desde os tempos de Johannes Bureus, foi redescoberta e passou a ser estudada entre pequenos círculos de estudantes.

Um desses estudantes deu um conjunto de runas ao antropólogo Ralph Blum (n. 1932). Depois de passar por uma crise pessoal, Blum se voltou para as runas em busca de orientação e encontrou nelas uma grande fonte de sabedoria. Seu trabalho com as runas resultou em um livro best-seller e um conjunto de pedras rúnicas, que foi publicado em 1983 com o título de *O Livro de Runas*.

Os puristas criticaram Blum porque ele mudou a ordem das runas, alterou seus significados tradicionais e adicionou uma pedra sem inscrição às 24 runas do *futhark* mais antigo. Mesmo que essas críticas tivessem algum mérito, a obra de Blum colocou as runas no centro das atenções de um público internacional e criou um mercado para outros livros sobre o tema. Além disso, com o sucesso de *O Livro de Runas*, os editores começaram a lançar obras que abordavam outros métodos de divinação. Nas décadas seguintes, centenas de sistemas de predição — antes inacessíveis — e milhares de novos baralhos de tarô se tornaram disponíveis aos praticantes, e a divinação deixou de ser uma atividade exótica praticada basicamente por profissionais, convertendo-se em algo que as pessoas faziam com certa regularidade. O crescente interesse na divinação possibilitou que outros aspectos da herança ocultista do Ocidente atraíssem pesquisadores.

VER TAMBÉM: "Criação das runas" (*c*. século I EC), "As runas de Bureus" (1611), "Raízes ocultas do nazismo" (1902).

Representação do calendário maia, que consiste em ciclos; cada dia é apresentado como um símbolo ou glifo.

O FIM DOS TEMPOS EM 2012

2012

O ANTIGO CALENDÁRIO MAIA NUNca atraiu muita atenção, exceto a dos especialistas, até o fim dos anos 1970, quando começaram a circular rumores nos círculos New Age sobre 21 de dezembro de 2012. A data marcava o fim do décimo terceiro *b'ak'tun* — um ciclo de tempo que consiste em 144 mil dias —, e as reportagens nos periódicos New Age sugeriam que se podia esperar algo grande para aquele dia. No fim da década de 1970, o guru Terence McKenna (1946-2000) fixou essa data como o clímax de sua teoria "Onda do Tempo Zero", a qual afirmava que a inovação invadia nosso continuum espaço-temporal em um movimento sem fim. No entanto, foi somente em 1987, quando José Argüelles (1939-2011) publicou *O Fator Maia*, que 2012 se tornou uma quentíssima propriedade cultural.

Especialmente depois de 2008, quando muitos adeptos do New Age nos Estados Unidos descobriram que visualizar a prosperidade não os impediu de perder tudo na crise financeira que explodiu naquele ano, 2012 se tornou um ímã para as esperanças e os temores de milhões de pessoas.

Para o azar deles, tais esperanças e temores estavam amarrados a uma miragem. Não havia qualquer profecia maia sobre o fim do décimo terceiro *b'ak'tun*. Assim como a maior parte dos povos antigos, os maias viam o tempo como um ciclo, não como uma linha reta que terminava na utopia ou no esquecimento. Todo o entusiasmo popular em torno de 2012 era fruto do mesmo idealismo que alimentou fantasias messiânicas em torno de Jiddu Krishnamurti e que relevou as fraudes dos falsos médiuns.

Assim terminou o décimo terceiro *b'ak'tun*: 21 de dezembro de 2012 chegou e partiu sem qualquer incidente. O movimento New Age sofreu um forte baque, ainda que seja cedo demais para dizer se foi fatal. Seja qual for o resultado, as tradições ocultistas que deram origem ao movimento continuam a prosperar no Ocidente.

VER TAMBÉM: "As Profecias de Nostradamus" (1555).

NOTAS OCULTAS

Introdução
AEC significa "antes da Era Comum", e EC, "Era Comum"; são equivalentes às siglas religiosas a.C. ("Antes de Cristo") e a.D. ("Anno Domini" ou "Ano do Senhor", em latim).

Século VI AEC: A aurora do ocultismo
FERGUSON, Kitty. *The Music of Pythagoras*. Nova York: Walker Books, 2008.
GUTHRIE, Kenneth Sylvan (Org. e trad.). *The Pythagorean Sourcebook and Library*. Grand Rapids: Phanes, 1987.

Século V AEC: Filósofo dos quatro elementos
KINGSLEY, Peter. *Ancient Philosophy, Mystery and Magic: Empedocles and Pythagorean Tradition*. Nova York: Oxford University Press, 1995.

Fim do século V AEC: Origem dos horóscopos
BARTON, Tamsyn. *Ancient Astrology*. Londres: Routledge, 1994.
CAMPION, Nicholas. *A History of Western Astrology, vol. I: The Ancient and Classical Worlds*. Londres: Bloomsbury, 2009.

347 AEC: Morte de Platão
PLATO. *Great Dialogues of Plato*. Trad. de W.H.D. Rouse. Nova York: Signet, 2015.

186 AEC: Prazeres proibidos
BOWDEN, Hugh. *Mystery Cults of the Ancient World*. Princeton, NJ: Princeton University Press, 2010.
LIVY. *Rome and the Mediterranean: The History of Rome*. Livros 31-45. Trad. de Henry Bettenson. Nova York: Penguin, 1976.

Século I AEC: A brilhante alquimista
LINDSAY, Jack. *The Origins of Alchemy in Graeco-Roman Egypt*. Nova York: Barnes & Noble, 1970.
PATAI, Raphael. *The Jewish Alchemists*. Princeton, NJ: Princeton University Press, 1994.

33 EC: Morte de Jesus
FIDELER, David R. *Jesus Christ, Sun of God*. Wheaton: Quest, 1993.
SMITH, Morton. *Jesus the Magician*. San Francisco: Harper & Row, 1978.

57 EC: Queda de Mona
ELLIS, Peter Beresford. *The Druids*. Londres: Constable, 1994.

c. século I EC: Criação das runas
FLOWERS, Stephen. *Runes and Magic*. Berna: Peter Lange, 1986.

Século I EC: O mago romano
MEAD, G.R.S. *Apollonius of Tyana*. New Hyde Park: University Books, 1966.

c. 120: O professor de Alexandria
CULIANU, Ioan. *The Tree of Gnosis*. San Francisco: Harper Collins, 1992.
LAYTON, Bentley. *The Gnostic Scriptures*. Garden City, NY: Doubleday, 1987.

Século II: Magia em julgamento
APULEIUS, Lucius. *The Apology*. Sua defesa contra acusações de magia, disponível em diversos websites.
_____. *The Golden Ass*. Trad. de E.J. Penney. Nova York: Penguin, 1999.

155: À espera de uma vaga
LAYTON, Bentley. *The Gnostic Scriptures*. Garden City, NY: Doubleday, 1987.
PAGELS, Elaine. *The Origins of Satan*. Nova York: Vintage, 1996.

Século III: Tratados Místicos
FOWDEN, Garth. *The Egyptian Hermes*. Princeton, NJ: Princeton University Press, 1986.

244: Ocultismo e filosofia com Plotino
PLOTINUS. *The Enneads*. Trad. de Stephen MacKenna. Burdett, NY: Larson, 1992.
WALLIS, R.T. *Neplatonism*. Nova York: Scribner's, 1972.

c. 300: Registro da alquimia
LINDSAY, Jack. *The Origins of Alchemy in Graeco-Roman Egypt*. Nova York: Barnes & Noble, 1970.

c. 330: Morte de Jâmblico
SHAW, Gregory. *Theurgy and the Soul: The Neoplatonism of Iamblicus*. University Park: Pennsylvania State University Press, 1995.

363: O último imperador pagão
Julian, the Apostate. *Emperor and Author: The Writings of Julian the Apostate*. Swansea: Classical Press of Wales, 2012.
Murdoch, Adrian. *The Last Pagan: Julian the Apostate and the Death of the Ancient World*. Rutland: Inner Traditions, 2008.

396: Fim dos mistérios de Elêusis
Kerenyi, Karl. *Eleusis*. Nova York: Bollingen Foundation, 1967.
Mylonas, George E. *Eleusis and the Eleusinian Mysteries*. Princeton, nj: Princeton University Press, 1961.

538: A nova lei do Imperador
Chuvin, Pierre. *A Chronicle of the Last Pagans*. Trad. de B.A. Archer. Cambridge, ma: Harvard University Press, 1989.

573: Merlin e a batalha de Arderydd
Tolstoy, Nicholas. *The Quest for Merlin*. Boston: Little, Brown and Company, 1985.

c. 800 ec: Alquimia de Jabir
Haq, Syed Nomanul. *Names, Natures and Things: The Alchemist Jabir ibn Hayyan and His "Kitab al Ahjar"* (Book of Stones). Boston: Kluwer, 1994.

Século ix: As ideias do *Canon Episcopi*
Ginzburg, Carlo. *Ecstasies: Deciphering the Witches' Sabbath*. Nova York: Pantheon, 1991.

1118: Fundação dos Cavaleiros Templários
Barber, Malcolm. *The New Knighthood: A History of the Order of the Temple*. Nova York: Cambridge University Press, 1994.
Upton-Ward, J.M. (Trad.). *The Rule of the Templars: The French Text of the Rule of the Order of the Knights Templar*. Woodbridge, Suffolk: Boydell, 1992.

1208: A Cruzada Albigense
Barber, Malcolm. *The Cathars*. Harlow: Longman, 2000.
Guirdham, Arthur. *The Great Heresy*. Jersey: Neville Spearman, 1977.

c. 1230: Origens da cabala
Scholem, Gershom. *The Kabbalah*. Nova York: Quadrangle, 1974.
_____. *Origins of the Kabbalah*. Princeton, nj: Princeton University Press, 1987.

1256: O livro do feiticeiro árabe
Greer, John Michael; Warnock, Christopher (Trad.). *The Picatrix*. Iowa City: Adocentyn Press, 2011.

1271: A queda da cidade de magia
Green, Tamara M. *City of the Moon God: Religious Traditions of Harran*. Leiden: Brill, 1992.

1279: Abulafia no rastro do Papa
Idel, Moshe. *The Mystical Experience in Abraham Abulafia*. Albany: State University of New York Press, 1988.

1307: Prisão dos Cavaleiros Templários
Barber, Malcolm. *The Trial of the Templars*. Nova York: Cambridge University Press, 1978.
Partner, Peter. *The Murdered Magicians: The Templars and Their Myth*. Oxford: Oxford University Press, 1982.

1327: Queimado por heresia
Thorndyke, Lynn. *The History of Magic and Experimental Science*. V. 2. Nova York: Macmillan, 1934.

1382: A pedra filosofal
Flamel, Nicholas. *Nicholas Flamel: His Exposition of the Hieroglyphical Figures*. Nova York: Garland Press, 1994.

1418: Origem do tarô
Dummett, Michael. *The Visconti-Sforza Tarot Cards*. Nova York: George Braziller, 1986.

1428: Julgamentos por bruxaria de Valais
Ginzburg, Carlo. *Ecstasies: Deciphering the Witches' Sabbath*. Nova York: Pantheon, 1991.
Kieckhefer, Richard. *European Witch Trials*. Berkeley: University of California Press, 1976.

1464: Hermetismo original
Yates, Frances. *Giordano Bruno and the Hermetic Tradition*. Chicago: University of Chicago Press, 1964.

1486: O martelo das feiticeiras
Cohn, Norman. *Europe's Inner Demons*. Nova York: Basic Books, 1975.
Kramer, Heinrich; Sprenger, Jacob. *Malleus Maleficarum*. Trad. de Montague Summers. Nova York: Dover, 1971.

1494: *De Verbo Mirifico*
Blau, Joseph Leon. *The Christian Interpretation of the Cabala in the Renaissance*. Nova York: Columbia University Press, 1944.
Reuchlin, Johann. *On the Art of the Cabala*. Trad. de Martin Goodman e Sarah Goodman. Lincoln, nb: Bison, 1993.

1526: Paracelso em Basileia
GRELL, Ole Peter (Org.). *Paracelsus: The Man and His Reputation*. Leiden: Brill, 1998.
PARACELSUS. *Essential Readings*. Org. de Nicholas Goodrick-Clarke. Wellingborough: Crucible, 1990.

1533: Três Livros de Filosofia Oculta
AGRIPPA, Henry Cornelius. *Three Books of Occult Philosophy*. Org. de Donald Tyson. St. Paul: Llewellyn, 1993.

1555: As Profecias de Nostradamus
CHEETHAM, Erika (Org.). *The Complete Prophecies of Nostradamus*. Nova York: Berkley Books, 1981.
GERSON, Stéphane. *Nostradamus: How an Obscure Renaissance Astrologer Became the Modern Prophet of Doom*. Nova York: St. Martin's Press, 2012.

1559: Coroação com ajuda dos astros
SUSTER, Gerald (Org.). *John Dee: Essential Readings*. San Francisco: North Atlantic Books, 2003.
WOOLEY, Benjamin. *The Queen's Conjurer*. Nova York: Henry Holt, 2001.

1570: De volta à Terra Santa
DUNN, James David. *Window of the Soul: The Kabbalah of Rabbi Isaac Luria*. York Beach: Weiser Books, 2008.
FINE, Lawrence. *Physician of the Soul, Healer of the Cosmos*. Stanford, CA: Stanford University Press, 2003.

1575: Os bons caminhantes
GINZBURG, Carlo. *The Night Battles*. Nova York: Penguin, 1985.

1587: A lenda de Fausto
BARON, Frank. *Doctor Faustus: From History to Legend*. Munique: Wilhelm Fink, 1978.
BUTLER, E.M. *The Fortunes of Faust*. Cambridge, Reino Unido: Cambridge University Press, 1952.

1600: Giordano Bruno na fogueira
ROWLAND, Ingrid D. *Giordano Bruno: Philosopher/Heretic*. Chicago: University of Chicago Press, 2009.
YATES, Frances. *Giordano Bruno and the Hermetic Tradition*. Chicago: University of Chicago Press, 1964.

1610: As visões de um sapateiro
BOEHME, Jakob. *Essential Readings*. Org. de Robin Waterfield. Wellingborough: Aquarian, 1989.

1611: As runas de Bureus
ÅKERMAN, Susanna. *Rose Cross over the Baltic*. Leiden: Brill, 1998.
FLOWERS, Stephen. *Johannes Bureus and Adalruna*. Austin, TX: Runa-Raven, 1998.

1614: O primeiro manifesto rosa-cruz
ALLEN, Paul A. (Org.). *A Christian Rosenkreutz Anthology*. Blauvelt: Rudolf Steiner Publications, 1968.
YATES, Frances. *The Rosicrucian Enlightenment*. Londres: Routledge & Kegan Paul, 1972.

1628: Palavras mágicas ao papa
CAMPANELLA, Tommaso. *The City of the Sun*. Trad. de Daniel J. Donno. Berkeley: University of California Press, 1981.
HEADLEY, John M. *Tommaso Campanella and the Transformation of the World*. Princeton, NJ: Princeton University Press, 1997.

1630: O livro oculto do espadachim
THIBAULT, Gerard. *Academy of the Sword*. Trad. de John Michael Greer. Londres: Aeon Books, 2017.

1647: Astrologia Cristã
GENEVA, Ann. *Astrology and the Seventeenth-Century Mind*. Manchester, Reino Unido: Machester University Press, 1995.

1694: Rosa-Cruz na Pensilvânia
CHURTON, Tobias. *The Invisible History of the Rosicrucians*. Rutland: Inner Traditions, 2009.
McINTOSH, Christopher. *The Rosicrucians: The History and Mythology of an Occult Order*. Wellingborough: Aquarian, 1987.

1717: A primeira Grande Loja Maçônica
STEVENSON, David. *The Origins of Freemasonry*. Cambridge, Reino Unido: Cambridge University Press, 1988.

1736: Promulgação da Lei de Feitiçaria
DAVIES, Owen. *Witchcraft, Magic and Culture 1736-1951*. Manchester, Reino Unido: Manchester University Press, 1999.

1744: As visões de Swedenborg
TROBRIDGE, George. *Swedenborg: Life and Teaching*. Nova York: Swedenborg Foundation, 1992.

1746: Clube do Fogo do Inferno
TOWERS, Eric. *Dashwood: The Man and the Myth*. Wellingborough: Crucible, 1987.

1767: Os Elus Cohen
WAITE, Arthur Edward. *The Unknown Philosopher*. Londres: Steiner Books, 1970.

1778: Mesmerismo
BURANELLI, Vincent. *The Wizard from Vienna.* Nova York: Coward McCann, 1975.
MESMER, Franz Anton. *Mesmerism.* Londres: Macdonald, 1948.

1781: O tarô no Egito
DECKER, Ronald; DEPAULIS, Thierry; DUMMETT, Michael. *A Wicked Pack of Cards: Origins of the Occult Tarot.* Nova York: St. Martin's, 1996.

1783: Divinação pelo tarô
DECKER, Ronald; DEPAULIS, Thierry; DUMMETT, Michael. *A Wicked Pack of Cards: Origins of the Occult Tarot.* Nova York: St. Martin's, 1996.

1795: Morte de Cagliostro em Roma
FAULKS, Philippa; COOPER, Robert L. D. *The Masonic Magician.* Londres: Watkins, 2008.
MCCALMAN, Iain. *The Last Alchemist.* Nova York: Harper Perennial, 2004.

1798: Equinócio de outono dos druidas
JENKINS, Geraint H. *Facts, Fantasy and Fiction: The Historical Vision of Iolo Morganwg.* Aberystwyth: Canolfan Uwchefrydiau Cymreig a Cheltaidd Prifysgol Cymry, 1997.

1801: Tratado de alquimia
BARRETT, Francis. *The Magus.* York Beach: Weiser, 2000.

1820: Magia popular com Hohman
HOHMAN, John George. *The Long Lost Friend.* Org. de Daniel Harms. Woodbury, MN: Llewellyn, 2012.

1821: Propagando o conhecimento antigo
TAYLOR, Thomas. *Thomas Taylor the Platonist.* Org. de Kathleen Raine e George Mills Harper. Princeton, NJ: Princeton University Press, 1969.

1844: Visões de cura de A.J. Davis
DAVIS, Andrew Jackson. *The Magic Staff: An Autobiography of Andrew Jackson Davis.* Mokelumne Hill: Health Research, 1970.

1848: Nascimento do espiritualismo
LEONARD, Maurice. *People from the Other Side.* Stroud: History Press, 2008.
WEISBERG, Barbara. *Talking to the Dead: The Story of the Fox Sisters.* Nova York: HarperOne, 2005.

c. 1850: A "rainha do vodu"
LONG, Carolyn Morrow. *Spiritual Merchants: Religion, Magic, and Commerce.* Knoxville: University of Tennessee Press, 2001.

1855: Dogma e Ritual da Alta Magia
LÉVI, Éliphas. *Doctrine and Ritual of High Magic.* Trad. de John Michael Greer e Mark Anthony Mikituk. Nova York: Tarcher/Penguin, 2017.
WILLIAMS, Thomas A. *Eliphas Levi, Master of Occultism.* Tuscaloosa: University of Alabama Press, 1975.

1862: Retratos da feitiçaria
MICHELET, Jules. *Satanism and Witchcraft.* Trad. de A.R. Allinson. Londres: Tandem Books, 1969.

1874: A Irmandade de Eulis
DEVENY, John. *Paschal Beverly Randolph.* Albany: State University of New York Press, 1997.

1875: A Sociedade Teosófica
CRANSTON, Sylvia. *H.P.B.* Nova York: TarcherPerigee, 1993.
WASHINGTON, Peter. *Madame Blavatsky's Baboon.* Nova York: Schocken Books, 1993.

1884: A Ordem Martinista
CHURTON, Tobias. *Occult Paris.* Rutland: Inner Traditions, 2016.

1887: A Ordem Hermética da Aurora Dourada
HOWE, Ellic. *The Magicians of the Golden Dawn.* Londres: Routledge & Kegan Paul, 1972.
REGARDIE, Israel. *The Golden Dawn.* 7. ed. revisada. Woodbury, MN: Llewelyn Worldwide, 2016.

1892: O primeiro Salão da Rosa-Cruz
PINCUS-WITTEN, Robert. *Occult Symbolism in France: Joséphin Péladan and the Salons de la Rose-Croix.* Nova York: Garland, 1976.

1897: A primeira farmácia hodu
LONG, Carolyn Morrow. *Spiritual Merchants: Religion, Magic, and Commerce.* Knoxville: University of Tennessee Press, 2001.

1899: O evangelho das bruxas
LELAND, Charles Godfrey. *Aradia, or the Gospel of the Witches.* Nova York: Samuel Weiser, 1974.

1902: Raízes ocultas do nazismo
GOODRICK-CLARKE, Nicholas. *The Occult Roots of Nazism.* Nova York: New York University Press, 1992.
VON LIST, Guido. *The Secret of the Runes.* Rutland: Inner Traditions, 1998.

1904: O livro de Crowley
CROWLEY, Aleister. *The Book of the Law.* York Beach: Weiser Books, 1987.
KACZYNSKI, Richard. *Perdurabo.* San Francisco: North Atlantic Books, 2010.

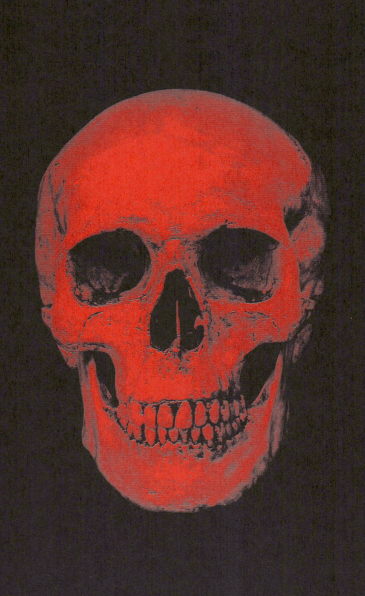

1910: Tarô Rider-Waite
Decker, Ronald; Dummett, Michael. *A History of the Occult Tarot 1870-1970*. Nova York: St. Martin's, 2002.
Katz, Marcus; Goodwin, Tali. *Secrets of the Waite-Smith Tarot*. Woodbury, mn: Llewelyn, 2015.

1912: Jung x Freud
Hoeller, Stephan A. *The Gnostic Jung and the Seven Sermons to the Dead*. Wheaton: Theosophical Publishing House, 1982.
Jung, Carl Gustav. *Memories, Dreams, Reflections*. Org. de Aniela Jaffe. Nova York: Pantheon, 1962.

1913: Sociedade Antroposófica
Lachman, Gary. *Rudolf Steiner: An Introduction to His Life and Work*. Nova York: TarcherPerigee, 2007.
Steiner, Rudolf. *The New Essential Steiner*. Great Barrington: Lindisfarne Books, 2009.

1917: Sociedade Thule
Goodrick-Clarke, Nicholas. *The Occult Roots of Nazism*. Nova York: New York University Press, 1992.

1921: Culto das bruxas na Europa Ocidental
Murray, Margaret. *The Witch-Cult in Western Europe*. Oxford: Oxford University Press, 1921.
Oates, Caroline; Wood, Juliette. *A Coven of Scholars: Margaret Murray and Her Working Methods*. Londres: Folklore Society, 1998.

1922: As linhas de ley
Pennick, Nigel; Devereux, Paul. *Lines on the Landscape*. Londres: Robert Hale, 1989.
Watkins, Alfred. *The Old Straight Track*. Londres: Methuen, 1925.

1924: Houdini x falsos médiuns
Jaher, David. *The Witch of Lime Street*. Nova York: Crown, 2015.
Keene, M. Lamar. *The Psychic Mafia*. Amherst, ny: Prometheus Press, 1997.

1925: A "Guerra das Rosas"
Churton, Tobias. *The Invisible History of the Rosicrucians*. Rutland: Inner Traditions, 2009.
McIntosh, Christopher. *The Rosicrucians: The History and Mythology of an Occult Order*. Wellingborough: Aquarian, 1987.

1926: Enigma Fulcanelli
Dubois, Geneviève. *Fulcanelli and the Alchemical Revival*. Rochester, vt: Destiny Books, 2006.
Fulcanelli. *Le mystère des cathedrals*. Trad. de Mary Sworder. Londres: Neville Spearman, 1971.

1928: Ocultismo em turnê
Hall, Manly Palmer. *The Secret Teachings of All Ages*. Los Angeles: prs Press, 1988.
Sahagun, Louis. *Master of the Mysteries: The Life of Manly Palmer Hall*. Port Townsend: Process Media, 2008.

1929: Fim da Ordem da Estrela do Oriente
Krishnamurti, Jiddu. *Think on These Things*. Nova York: HarperOne, 1989.
Vernon, Roland. *Star in the East: Krishnamurti: The Invention of a Messiah*. Londres: Palgrave Macmillan, 2001.

1935: A magia da Aurora Dourada
Fortune, Dion. *The Mystical Qabalah*. Londres: Rider, 1935.
Knight, Gareth. *Dion Fortune and the Inner Light*. Loughborough: Thoth, 2000.

1936: Astrologia da Personalidade
Ertan, Deniz. *Dane Rudhyar: His Music, Life, and Thought*. Rochester, ny: Rochester University Press, 2009.
Rudhyar, Dane. *The Astrology of Personality*. Garden City: Doubleday, 1970.

1948: Revista Fate
Nadis, Fred. *The Man from Mars*. Nova York: Tarcher/Penguin, 2013.

1954: Bruxaria de Gardner
Gardner, Gerald. Witchcraft Today. Londres: Rider, 1954.
Hutton, Ronald. The Triumph of the Moon. Oxford: Oxford University Press, 1999.

1960: Alquimia na modernidade
Albertus, Frater (Albert Reidel). The Alchemist's Handbook. Nova York: Weiser, 1960.

1969: Livros de bolso ocultistas
Michell, John. *The View Over Atlantis*. Nova York: Ballantine, 1972.

1979: Wicca: magia para todos
Adler, Margot. Drawing Down the Moon. Boston: Beacon Press, 1979.
Starhawk. *The Spiral Dance*. San Francisco: Harper, 1979.

1983: O Livro de Runas
Blum, Ralph. *The Book of Runes*. Nova York: St. Martin's Press, 1978.

2012: O fim dos tempos em 2012
Argüelles, José. *The Mayan Factor: Path Beyond Technology*. Santa Fé: Bear and Company, 1987.
Greer, John Michael. *Apocalypse Not*. San Francisco: Viva Editions, 2011.

INDEX MÁGICO

A.

Abulafia, Abraham, 79
Académie de l'Espée (Thibault), 128, 129
Adams, Evangeline, 200, 201
Adulruna rediviva (Bureus), 123
Afonso x, rei, 75
Agrippa, Cornelius, 14, 75, 104, 105, 129, 159
água, como um dos quatro elementos, 23
Albertus, Frater, 227
Alchemist's Handbook, The (Albertus), 227
Alexandria, Egito
    Basílides de, 41
    ensinamentos mágicos e, 31
    gnósticos e, 41
    Plotino e, 49
    Valentim e, 45
    Zósimo e, 51
Alliette, Jean-Baptiste, 151
alquimia
    aprimoramento, 16, 31
    Corpus hermeticum, 47
    cristianismo e, 121
    definição, 16, 31
    definição de perfeição para os metais e para o corpo e espírito humanos, 31

    Encausse e, 179
    equipamento para, 31, 51, 62
    espagíricos (remédios alquímicos de ervas) e, 226, 227
    filosofia grega, doutrinas egípcias dos mistérios e, 47
    Flamel e, 87
    Fulcanelli e, 213, 227
    funções dos alquimistas, 16
    Jabir ibn Hayyan e, 63
    Jung e, 197
    Míriam, a Alquimista e, 31, 51
    missão da, 31
    misticismo mesclado com, 109
    Paracelso e, 103
    Paris e, 213
    pedra filosofal e, 87, 213
    queda de Harã e, 77
    reflorescimento da, 227
    rosa-cruzes e, 125, 133
    segredos da, 51
    Teosébia e, 51
    Zósimo e, 51
Amazing Stories (revista), 223
Anatólio, 53
Antiga e Mística Ordem Rosae Crucis (amorc), 211
Apolônio de Tiana, 39
Apuleio, Lúcio, 43
Aradia, o evangelho das bruxas (Leland), 186, 187

Arcana coelestia (Swedenborg), 141
ar, como um dos quatro elementos, 23
Arderydd, batalha de, 61
Árvore da Vida (cabala), 72, 73
astrologia
    Astrologia cristã (Lilly), 131
    Astrologia da personalidade (Rudhyar), 221
    Campanella, catolicismo e, 127
    Cecco d'Ascoli e, 85
    data de coroação com base na, 109
    ensinamentos de *Picatrix* e, 75
    Harã e, 77
    intelectuais muçulmanos e, 63
    John Dee e, 109
    mapa astral do século xviii, 130
    Ordem Hermética da Aurora Dourada e, 181
    papa Urbano viii e, 127
    previsões de Etteilla com base na, 151
    previsões de Nostradamus, 107
    primeiros anos da, 25
    primeiros horóscopos, 25
Astrologia cristã, (Lilly), 131
Aurora Dourada, A, coletânea de memorandos, 181

B.

Baco, deus do vinho, 28, 29
Barrett, Francis, 159
Basílides de Alexandria, 40, 41
benandanti ("bons caminhantes"), 113
Besant, Annie, 199, 217
Bible de la liberté, La (Lévi), 171
Blavatsky, Helena Petrovna, 176, 177, 217
Blum, Ralph, 232, 233
Böhme, Jacob, cosmogonia, 120, 121
Bruno, Giordano, 116, 117
bruxaria
    A bruxaria hoje (Gardner), 224
    Aradia, o evangelho das bruxas (Leland), 186, 187
    Dogma e ritual de alta magia (Lévi), 171
    O culto das bruxas na Europa Ocidental (Murray), 204, 205
    O sabá das bruxas, xilogravura, 112
    O significado da bruxaria (Gardner), 225
    pintura de caldeirão e bruxa, 15
    promulgação da Lei de, 115
    wicca e, 173, 205, 225
Bureus, Johannes, 122, 123

C.

cabala, 16, 72, 79, 99, 111, 123, 133, 181
Cagliostro, Alessandro, 152, 153
caldeira dupla ("banho de Míriam"), 31
calendário maia, expectativas New Age e, 234, 235
Campanella, Tommaso, 127
Canon episcopi, 65
catarismo e cátaros, 71, 73, 113
Cavaleiros Templários, 66, 67, 83
Celso, 33
Chaboseau, Pierre-Augustin, 179
Charles I, rei da Inglaterra, 131
Chennevière, Daniel (Dane Rudhyar), 221
Chroniques de France ou de St. Denis, 82
ciência espiritual, 199
Clemente V, papa, 83
Clube do Fogo do Inferno, 143
colinas Malvern, 206
Constantino, 55
Constantinopla, 55, 95
Contra os cristãos (Celso), 33
Corpus hermeticum, 51, 95, 127
Crandon, Mina, 209
cristianismo e cristãos
    alquimia e, 121
    ascensão do ocultismo dentro do, 121
    astrologia e, 131
    bruxaria e, 205
    Canon episcopi e, 65
    Cavaleiros Templários e, 66, 67, 83
    como "superstição bárbara", 163
    Constantino e tolerância ao, 55
    Crowley como o Anticristo e, 193
    crucificação de Jesus e, 32, 33
    cruzadas e, 71
    éditos de Justiniano e, 59
    fim dos mistérios de Elêusis e, 57
    gnosticismo e, 41, 73
    guerreando com os pagãos, 61
    heresia/heréticos e, 59, 71, 83, 85, 97, 99, 113, 117, 127
    Jâmblico e, 53
    livro de receitas, magia cristã e, 161
    paganismo comparado ao, 53
    perseguição romana aos, 29
    queda de Harã e, 77
    runas e, 37, 123
    Thomas Taylor e, 163
    vodu e, 169
Crowley, Aleister, 193, 225
crucificação de Jesus, 33
Cruzada Albigense, 71
Cruzadas, 67, 71
curandeiros, 103, 133, 165, 227

D.

Dança cósmica das feiticeiras, A (Starhawk), 231
d'Ascoli, Cecco, 85
Dashwood, Sir Francis, 143
Davis, Andrew Jackson Davis, 165
décimo terceiro b'ak'tun, fim do, 235
Dee, John, 109
de Molay, Jacques, 83
Diana (deusa da lua), 64, 65
divinação (leitura da sorte)
    A bruxaria hoje (Gardner) e, 225
    sobre ocultismo e, 14, 16
Doutrina secreta, A (Blavatsky), 177
Drawing Down the Moon (Adler), 231
druidas, 34, 35, 155, 233
Dujols, Pierre, 213

E.

Egito, tarô e, 149
elementos, os quatro, 23
Elêusis, fim dos mistérios de, 57
Elizabeth I, rainha da Inglaterra, 109
Elus Cohen, 145, 179
Emília, Lúcio e, 43
Empédocles, 23
Encausse, dr. Gérard, 179
episcopi, Canon, 65
Epistolae obscurorum virorum, 99
equinócio de outono, druidas celebram o, 155
espagíricos (remédios alquímicos de ervas), 226, 227
espiritualismo
    Houdini combate os falsos médiuns, 208
    Irmandade de Eulis e, 175
    nascimento do, as irmãs Fox e, 167
    sessão, 166, 167
    Sociedade Teosófica e, 177
Etteilla, divinação pelo tarô e, 151
Eulis, Irmandade de, 175

F.

farmácias hodu, 184, 185
Fate (revista), 223
Fausto, a lenda de, 115
Fausto e Margarida
 (Pedro Américo), 114
Feiticeira, A (Michelet), 173
Ficino, Marsilio, 94, 95
Filipe IV, rei da França, 83
filosofia oculta, 14, 16
Filóstrato, 39
Firth, Violet (Dion
 Fortune), 218, 219
Flamel, Nicolas e Perenelle, 87
fogo, como um dos quatro
 elementos, 23
Fortune, Dion, 219
Fox, nascimento do
 espiritualismo e as irmãs, 167
Frazer, Sir James, 205
Freud, Sigmund, 196, 197
friulana, Inquisição, 113
Fulcanelli, 213, 227

G.

galeses, antigos manuscritos
 (Iolo Morganwg), 233
Gardner, Gerald, 225, 231, 233
*Geheimnis der Runen,
 Das* (von List), 191
geometria e combate,
 fusão de, 129
Georg, Johann, 161
Glastonbury Tor, 228
gnosticismo e gnósticos, 41,
 45, 47, 49, 71, 73, 197
*Grande Incêndio de Londres,
 com Ludgate e a Antiga
 Catedral de São Paulo, O*, 106
Grande Loja Maçônica, 136, 137
"Guerra das Rosas", 211

H.

Hall, Manly P., 14, 215
Harã, 59, 76, 77
Heindel, Max, 211
Hermes Trismegisto, 47
Hinos órficos (Taylor), 163
hipnotismo, 146, 147
Hitler, Adolf, 202, 203
hodu, farmácias, 185
horóscopos, primeiros, 24, 25
Houdini, Harry, 209

I.

ibn Hayyan, Jabir, 63
iniciação, ocultismo e, 16
Inocêncio III, papa, 71
Instrutor do Mundo,
 Krishnamurti como, 217
Isaac, o Cego (rabino), 73
Ísis sem véu (Blavatsky), 177
Islã e muçulmanos
 Cavaleiros Templários
  e, 66, 67
 cruzadas e, 67, 71
 Jabir ibn Hayyan e, 62, 63
 origem do tarô e, 91
 queda de Harã e, 77

J.

Jâmblico de Cálcis, 52, 53
Jesus de Nazaré, 33,
 39, 41, 99, 141
Juliano, o Apóstata, 54, 55
Jung, Carl, 196, 197
Justiniano, imperador
 de Roma, 58, 59

K.

Kelly, Edward, 109
Kelpius, Johannes, 133
Kramer, Heinrich, 97
Krishnamurti, Jiddu,
 199, 216, 217

L.

L'Acerba (d'Ascoli), 84, 85
Laveau, Marie, 168, 169
Leland, Charles Godfrey, 187
Lévi, Éliphas, 171, 179
Lewis, Harvey Spencer, 211
Lilly, William, 130, 131
linhas ley, 206, 207, 229
Livro da lei, O (Crowley), 193
Livro de runas, O (Blum), 233
Long Lost Friend, The
 (Hohman), 161
Lubicz, René Schwaller de, 213
Lúcio Apuleio, 43
Luria, Isaac, 111
Luz do intelecto (Abulafia), 78

M.

Maçonaria, 145, 153
Maçônica, primeira
 Grande Loja, 137
magia
 *Aradia, o evangelho das
  bruxas* (Leland) e, 187
 Cabala mística, A
  (Fortune) e, 219
 Cecco d'Ascoli e, 85
 como heresia, 85, 97
 cristã, 161
 definição de Lévi sobre, 16
 *Dogma e ritual da alta
  magia* (Lévi), 171
 em julgamento na
  corte romana, 43
 farmácias hodu e, 185
 Georg Hogman, Pennsylvania
  Dutch e, 185
 Jâmblico de Cálcis e, 53
 Jesus como praticante de, 33
 livros sobre Fausto inspiram
  manuais de, 115
 Magus (Francis Barrett) e, 159
 Mesmer e, 147, 167
 morte na fogueira por, 85, 97
 neoplatonismo e, 16, 55, 163
 Ordem Hermética da
  Aura Dourada e, 137
 Ordem Martinista e, 179

"rainha vodu" e, 169
rosa-cruzes e, 133
runas, letras rúnicas e, 36, 37
sobre ocultismo e, 14
Três livros de filosofia oculta (Agrippa) e, 15, 159
maia, calendário, 235
malandanti ("caminhantes maus"), 113
Malleus maleficarum (Kramer e Sprenger), 97
Malvern, colinas, 206
Maria, a Judia (Míriam, a Alquimista), 31
martinista, ordem/martinismo, 121
Martinista, ordem/martinismo, 145
Marziano, baralho de tarô de, 90, 91
Mathers, Samuel, 181, 193
May'an ha-Hokmah (Kalmankes), 110
McKenna, Terence, 235
Merlin, batalha de Arderydd e, 61
Mesmer, Franz Anton, mesmerismo e, 147, 165, 167
messias, Krishnamurti como o, 199
Metamorfoses (Lúcio Apuleio), 42
Michelet, Jules, 172, 173, 187
Michell, John, 229
Míriam, a Alquimista, 31, 51
Mistério das catedrais, O (Fulcanelli), 213
mistérios dionisíacos, 29
Mocenigo, Zuan, 117
Mônada hieroglífica, A (Dee), 109
Mona, queda de, 35
Moradas dos filósofos, As (Fulcanelli), 213
Morganwg, Iolo, 155
Moriarty, dr. Theodore, 219
Murray, Margaret, 205, 231

N.

neoplatonismo, 16, 49, 55, 59, 163
Nicolau III, papa, 79
Ninnion, Tábua de, 56
Nostradamus, profecias de, 107

O.

ocultismo
  alquimia e, 16
  dcomo reconhecimento rejeitado, 15
  definição, 14
  divinação e, 16
  elementos do, 15
  filosofia oculta e, 16
  iniciação e, 16
  magia e, 14
  primeira escola de, 17
Old Straight Track, The (Watkins), 207
"Onda do Tempo Zero", teoria, 235
Ondina (Waterhouse), 102
Ordem Hermética da Aurora Dourada, 137

P.

Paculla Annia, 29
paganismo
  celebração do equinócio de outono e, 155
  cristianismo comparado ao, 53
  deidade Baphomet e, 83, 170
  Merlin, batalha de Arderydd e, 61
  queda de Harã, 77
  sumo sacerdote da Inglaterra, 163
  Thomas Taylor e, 163
Palmer, Raymond, 223
papas, 44, 45, 71, 79, 127
Paracelso, 103
Paracelsus College (Sociedade de Pesquisa Paracelso), 227
Parkins, dr. John, 159
Partido dos Trabalhadores Alemães, Sociedade Thule e, 203
Pasqually, Martinez de, 145, 179
pedra filosofal, 87, 213
Péladan, Joséphin, 182, 183
Pennsylvania Dutch, 161, 185
Penn, William, 133, 161
Pensilvânia, os rosa-cruzes chegam à, 133
Picatrix, 75, 127
Pio I, papa, 45
Pitágoras de Samos, 17, 20, 21, 23, 27, 39, 129
Platão
  Academia de, 26
  Ficino traduz diálogos de, 95
  Jâmblico de Cálcis e, 53
  magia combinada à filosofia e, 41
  Plotino e, 49
Plotino, 49
Plummer, George Winslow, 211
Porfírio, 53
Principles of Nature, The (Davis), 165
Profecia de Basílide, A (Testa), 40
profecias
  calendário maia, 235
  de Merlin, 61
  na Bíblia, 123

Q.

queimados na fogueira
  Cavaleiros Templários, 66
  Cecco d'Ascoli, 85
  Giordano Bruno, 117
  julgamentos por bruxaria e morte na fogueira, 93
  rosa-cruzes, 125

R.

rabino Isaac, o Cego, 73
"Rainha vodu", 169
Ramo de ouro, O (Frazer), 205
Regardie, Israel, 181
Reidel, Albert, 227
Reuchlin, Johannes, 99
Rider-Waite, tarô, 195
Ripley, Pergaminho de, 87
Roma
    Cagliostro morre em, 153
    Merlin, batalha de
        Arderydd e, 61
    queda de Mona e, 35
rosa-cruzes, 17, 133
    estabelecimento na
        Pensilvânia, 133
    Grande Loja Maçônica Inglesa
        para as Américas, 210
    "Guerra das Rosas", 210, 211
    iconografia, 124, 125, 132, 133
    rosa e cruz, 124, 125
Rosenkreutz, Christian, 125
Rudhyar, Dane, 221
    mapas astrais individuais, 220
runas
    alfabetos (futhark/futhorc), 37
    Bureus interpreta, 123
    criação das, 37
    Geheimnis der Runen,
        Das (von List), 191
    Pedra de Rök e, 36
    Von List, visão das, 191

S.

Saint-Martin, Louis-
    Claude de, 145, 179
Salão da Rosa-Cruz, 183
São Domingos de Gusmão e os
    Albigenses (Berruguete), 71
Secret Teachings of All Ages,
    The (Manly Palmer Hall), 215
Sexto e sétimo livros de
    Moisés, Os, 161
Smith, Pamela "Pixie"
    Colman, 195
Sobre os mistérios (Jâmblico
    de Cálcis), 53
Sociedade Antroposófica, 199
Sociedade Teosófica, 177
Sociedade Thule, 203
Sprenger, Jakob, 97
Steiner, Rudolf, 198, 199, 217
Swedenborg, Emanuel, 140, 141

T.

Tales de Mileto, 21
tarô
    baralho Rider-Waite, 194, 195
    Egito e, 151
    leitura, ilustração, 16
    origem do, 91
Taylor, Thomas, 162, 163
Teosébia, 51
terra, como um dos
    quatro elementos, 23
Thelema, religião de, 193
Thibault, Girard, 129
Thomas, dr. George, 185
Tiana, Apolônio de, 38, 39
Tratado sobre bruxaria, Um, 138
Três livros de filosofia oculta
    (Agrippa), 15, 159
Trismegisto, Hermes, 47, 95
Trithemius, Johannes, 105, 181

U.

Urbano VIII, papa, 126, 127

V.

Valais, julgamento por
    bruxaria de, 93
Valentim, eleição papal e, 45
Vênus de Ammi-Saduga,
    tábua de, 24, 25
View Over Atlantis,
    The (Mitchell), 229
Visconti, Filippo Maria
    (duque de Milão), 91
visões
    de Andrew Jackson Davis, 165
    de Emanuel Swedenborg, 141
    de Guido von List, 191
    de Isaac Luria, 111
    de Jacob Böhme, 121
von List, Guido, 191

W.

Waite, Arthur Edward, 195
Waterhouse, John William, 102
Watkins, Alfred, 207, 229
Wessel, Wilhem, 125
Westcott, William
    Wynn, 180, 181
wicca, 173, 187, 205, 225, 231
Willermoz, Jean-
    Baptiste, 145, 179
Williams, Edward, 155

Z.

Ziff Davis, 223
Zósimo de Panópolis, 51
    equipamento de destilação, 50

Nasce um Deus. Outros morrem. A verdade
Nem veio nem se foi: o Erro mudou.
Temos agora uma outra Eternidade,
E era sempre melhor o que passou.

Cega, a Ciência a inútil gleba lavra.
Louca, a Fé vive o sonho do seu culto.
Um novo Deus é só uma palavra.
Não procures nem creias: tudo é oculto.

Fernando Pessoa, "Natal"

NOVA COLHEITA

Nesta safra de primavera celebramos as raízes do saber, e todos os aprendizes e mestres que lutaram a cada século para manter viva a chama do conhecimento. O Mundo Oculto se revela diante de nós a cada palavra estudada e a cada elemento transposto para a nossa realidade. A família Macabra agradece a todos que se movem pela curiosidade e reconhecem a beleza do oculto e a riqueza da palavra. O nosso coven cresce e se fortalece a cada colheita celebrada em conjunto. Que possamos cada vez mais nos conectar ao universo e ao outro em nossa jornada terrena.

COLHEITA DE
DIA DAS BRUXAS EM 2021

JOHN M. GREER

É um dos mais respeitados autores e acadêmicos no campo ocultista dos dias atuais. Autor de mais de quarenta livros, tem escrito sobre variados temas focados no renascimento de ideias, percepções e tradições esquecidas pela história, além de se interessar e escrever regularmente sobre o ocultismo. *Grimório Oculto* é sua primeira publicação pela Macabra em parceria com a DarkSide Books. Ele serviu por doze anos como o Grande Arquidruida da Antiga Ordem dos Druidas na América (AODA). Atualmente ele vive em Cumberland, no estado de Maryland.

MACABRA™
DARKSIDE

MAGICAE é uma coleção inteiramente dedicada aos
mistérios ocultos. Livros que conectam todos os selos da
DarkSide® Books e honram a magia e suas manifestações naturais.
É hora de celebrar a mágica que existe em nossa essência.